Jürg E. Schneider

Zürichs Rindermarkt und Neumarkt

Entstehung und Entwicklung eines Quartiers

Archäologie — Bau- und Kunstgeschichte — Geschichte

Verlag Hans Rohr   Zürich 1989

Mitteilungen der Antiquarischen Gesellschaft in Zürich

(Kantonaler Verein für Geschichte und Altertumskunde)

Band 56
(153. Neujahrsblatt)

Titelblatt:
Blick von Osten auf den Neumarkt mit «Grimmenturm» und «Langem Keller».
Feder von Emil Schulthess, 1836. Original im Kunsthaus Zürich (vgl. auch Abb. 60)

CIP-Kurztitelaufnahme der Deutschen Bibliothek

Schneider, Jürg E.:
Zürichs Rindermarkt und Neumarkt. Entstehung und Entwicklung eines Quartiers; Archäologie — Bau- und Kunstgeschichte — Geschichte / Jürg E. Schneider. — Zürich: Rohr, 1989.
    (Mitteilungen der Antiquarischen Gesellschaft in Zürich (Kantonaler Verein für Geschichte und Altertumskunde); Bd. 56 = Neujahrsblatt 153)
    ISBN 3-85865-504-X
NE: Antiquarische Gesellschaft in Zürich : Mitteilungen der Antiquarischen...

Verlag Hans Rohr, Zürich 1989
Satz und Druck: Druckerei Schulthess AG, Zürich

ISBN 3-85865-504-X

Die Schrift ist Alt-Stadtarchivar
Dr. Paul Guyer gewidmet.

Er hat mit seiner gründlichen «Kleinarbeit»
die Geschichte der Stadt Zürich ein
grosses Stück vorangetrieben.

Inhaltsübersicht

1.	Einleitung	7
2.	Topographie und Archäologie	11
	2.1 Römische Zeit	15
	2.2 Frühmittelalterliche Zeit	23
3.	Städtische Ausbauzone im 12./13. Jahrhundert	33
4.	Die frühen Steinbauten und ihre Entwicklung bis zur Neuzeit	45
	4.1 Das Haus «Zum Rech», Neumarkt 4/Spiegelgasse 26	45
	4.2 Der «Bilgeriturm»/Zunfthaus «Zur Schuhmachern»/«Eintracht», Neumarkt 5	84
	4.3 Die Häuser am Neumarkt 1 und 3 im Umfeld der späteren «Deutschen Schule»	98
	4.4 Der «Grimmenturm», «Lange Keller» und das Haus «Zur Traube», Spiegelgasse 29/Rindermarkt 26/Neumarkt 2	117
	4.5 Die Häuser «Zum Steinberg» und «Zum Tannenberg», Neumarkt 6/8	145
5.	Die frühe Bewohnerschaft — Ansätze zu einer mittelalterlichen Sozialtopographie und Quartiergeschichte	157
6.	Glossar	163
7.	Quellen- und Literaturangaben	167
8.	Abbildungsnachweis	171

1. Einleitung

Durch die mannigfaltigen Sanierungs- und Grossbauvorhaben der jüngsten Vergangenheit und auch der nächsten Jahre ist ein Grossteil der archäologischen und baugeschichtlichen Quellen zur vielfältigen Geschichte der Stadt Zürich schon zerstört, und dem verbliebenen Rest droht die unmittelbare Vernichtung. Die Altstadt von Zürich wird spätestens im Jahre 2000 eine archäologische Wüste sein. Das ist anderswo nicht anders!

Angesichts solcher Lage sind wir Stadtarchäologen mit der Bestandesaufnahme und rettenden Untersuchung der materiellen Quellen vollauf beschäftigt. Dabei werden viele Überlieferungen durch die Spatenforschung bestätigt, andererseits hartnäckig verfochtene Irrtümer durch Sachquellen korrigiert, aber auch neue Akzente gesetzt und viele Fragen zum ersten Mal aufgeworfen. — Dort nämlich, wo die moderne Bautechnologie durchgegriffen hat, muss nie wieder archäologisch und baugeschichtlich geforscht werden, denn die letzten «Kulturschichten» unserer Zeit sind Betonkorsetts und Kies ab Wand!

So verbleibt uns Archäologen allenthalben in den Siedlungszentren nur noch kurze Zeit zu «retten», sagen wir doch schlichter, all das wissenschaftlich zu dokumentieren und aufzusammeln, was hernach endgültig verloren geht.

Mit der Altstadt-Kanalisations-Sanierungs-Archäologie und den systematischen Rettungsgrabungen im Vorfeld von Unterkellerungen und Bodeneingriffen aller Art, aber auch mit den monumentenarchäologischen Untersuchungen im Zusammenhang mit Umbauten und Sanierungen von Altbausubstanz besteht heute die einzigartige und letzte Gelegenheit, beidseits der Limmat im Siedlungsraum des römischen Vicus, des vorstädtischen «Ziurichi» und der werdenden Stadt archäologische und baugeschichtliche Untersuchungen durchzuführen. Damit gelingt es uns, zwischen den früheren punktuellen Ergebnissen eine verbindende Brücke zu schlagen. Die Zeiten der universitären Forschungs- und Lustgrabungen auf ungefährdeten Burgstellen, in gesicherten Gräberfeldern und wüst liegenden Siedlungen sollten eigentlich lange schon vorbei sein. — An ihre Stelle ist der Ernst der Baugrubenarchäologie getreten!

Für uns Siedlungsforscher besteht heute der Sachzwang, «strang- und quartierweise» vorzugehen. Geöffnete Gassenzüge, Plätze und Ehgräben können lückenlos beobachtet werden. Erstmals war es möglich, vom Lindenhof über die Pfalz- und Strehlgasse bis hinunter zum Weinplatz und weiter der Storchengasse entlang bis zum Münsterhof, die Siedlungsabfolge im Schnitt zu beobachten. Am rechten Limmatufer konnte die städtebauliche Entwicklung vom Brückenkopf her über die Stüssihofstatt und Marktgasse zum Niederdorf, zur Brunngasse, zum Rinder- und Neumarkt und über die Münstergasse bis zum Oberdorf hin verfolgt werden. Vom Verlauf des Limmatufers im Bereich der Altstadt konnte für die geschichtliche Zeit ein zuverlässiges Bild gewonnen werden.

Da und dort war es uns möglich, durch das Ausgreifen in die Fläche, sei es in der Form eines archäologischen Voraushubes oder mit einer eigentlichen Rettungsgrabung, die angeschnittenen Befunde weiterzuverfolgen. Damit gewinnt diese Grundlagenforschung an Aussagekraft.

Hand in Hand mit der Bodenforschung geht die Untersuchung in der Altbausubstanz einher. Die M o n u m e n t e n a r c h ä o l o g i e führt weit über das bloss formalästhetische und stilistische Betrachten der Baukörper hinaus. Unter Monumentenarchäologie verstehen wir vollständige Hausuntersuchungen — von der ältesten Kulturschicht tief im Boden einer Liegenschaft bis zur Dachhaut derselben — mit Registrierung aller Baufugen, Aufstockungen, Fussbödenniveaus, Wand- und Deckenverkleidungen, Fensterveränderungen und aller Putz- und Malschichten. Parallel dazu geht das Erfassen der urkundlichen Überlieferung und ein möglichst lückenloses Erstellen der Besitzer- und Bewohnerlisten. Nicht zu vernachlässigen sind die frühen bildlichen Darstellungen und die alten Photographien. Zürich hat in dieser Hinsicht unter anderem mit dem Stadtprospekt von Jos Murer (1576) ein getreues Bilddokument von unschätzbarem Wert.

Die vorliegende Studie ist in erster Linie eine archäologische Arbeit. Historische Quellen werden nur in einer Auswahl beigezogen. Es geht dem Verfasser vielmehr darum, die archäologischen und baugeschichtlichen Erkenntnisse zur frühen Stadtgeschichte — und dies nur in einem engen Ausschnitt — zur Diskussion zu stellen. Die Summe archäologisch-baugeschichtlicher und archivalischer Befunde ergibt erst eine eigentliche Haus-, Gassen- und Quartiergeschichte. Solche wiederum sind zusammen mit den Ergebnissen der verschiedenen Teilwissenschaften auf dem Gebiet der Stadtforschung Bausteine zu einer zusammenfassenden und übergreifenden «Stadtkunde».

Die nachfolgend vorgestellten Befunde sind das Ergebnis einer wissenschaftlichen Zusammenarbeit und von freundschaftlichen Aussprachen mit Hans-Ueli Etter, Jürg Hanser, Armin Mathis und Ulrich Ruoff. Ihnen und den hier nicht namentlich genannten «Stadtkernforschern» wie auch den Verfassern der historischen Besitzergeschichten einzelner Häuser, Alt-Stadtarchivar Paul Guyer und Heinrich Steinmann, sei an dieser Stelle herzlich gedankt. Der Antiquarischen

Gesellschaft, von Haus aus eine archäologisch-historische Vereinigung mit dem Zweck der «Erforschung und Bewahrung vaterländischer Alterthümer», dankt der Verfasser für die Möglichkeit, seine Studie in den diesjährigen Mitteilungen veröffentlichen zu können.

Herzlich danken möchte ich Frau Ruth Peier, Lucas Wüthrich und Peter Ziegler für die sorgfältige Durchsicht des Manuskriptes sowie der Stadt Zürich/Hochbauamt und der Dr. Adolf Streuli-Stiftung, Zürich, für die Druckkostenbeiträge.

1 Topographie der rechtsufrigen Altstadt. Deutlich wird der Seitenmoränensporn, welcher den Rindermarkt gegen Norden «abdrängt». Östlich davon liegt die Wolfbachsenke.

2. Topographie und Archäologie

Das Rindermarkt-/Neumarktquartier liegt in der rechtsufrigen Stadt, rittlings am Wolfbach, welcher, vom Vorderen Adlisberg kommend, durch Fluntern zieht und beim ehemaligen Franziskaner- oder Barfüsserkloster, dem heutigen Obergericht, die Alte Stadt erreicht. Von dort fliesst er in einer sanften Niederung gegen Norden und biegt im Bereich der Mühlegasse westwärts zur Limmat hin ab. Bei der Rudolf Brun-Brücke erreicht er den Fluss. Der Wolfbach ist heute von der Bergstrasse an eingedohlt.

Die Wolfbachniederung war bis in die Neuzeit hinein ein Becken mit gutem Grundwasser. Im Gebiet zwischen Predigerkloster — Froschaugasse — Neumarkt und ehemaliger Stadtmauer (Chorgasse) finden sich allenthalben mittlerweile aufgelassene und verfüllte spätmittelalterliche Sodbrunnen. Der Bach selbst diente aber spätestens mit der Errichtung des Franziskanerklosters nur noch der Entsorgung. Die Bettelordensleute bauten ihren Dansker nämlich — wie es Brauch war — rittlings über den Wasserlauf. Nach dem steilen Stich der unteren Marktgasse folgen deren oberer Teil, der Rinder- und Neumarkt dem günstigsten Gelände für eine in Richtung Berg führende Strasse. Sie legen sich wie ein Kragen um den Sporn der rechtsufrigen Seitenmoräne, welche von der Hohen Promenade über die Winkelwiese, Oberen Zäune, Spiegelgasse sich hinziehend im Bereich Metzgergasse—Stüssihofstatt steil zur Limmat abfällt. Heute ist das einstmals ausgeprägte Bodenrelief durch die jahrhundertelange Bautätigkeit vielerorts ausgeglichen. Die vom Neumarkt auf die Höhe des Moränenzuges führende Spiegelgasse erinnert mit ihrem vormaligen Namen «Steingasse» (bis 1880) an den steilen und beschwerlichen «Bergpfad».

Gegen Osten steigt die unterste Halde des Zürichberges jäh an und überhöht bis zur ersten Terrasse, dem Standort der Hochschulen, gut 40 Meter. Diese Halde und das etwa 100 Meter tiefe Plateau waren wohl erstmals in römischer Zeit gerodet und boten Anbaufläche für Reben oder waren Wies- und Weideland. Rodungsgelände war dieses Gebiet sicher wiederum im 13. Jahrhundert, beim Bau der einzigen mittelalterlichen Stadtmauer.

Das Ausheben des trockenen Grabens am unteren Hirschen- bzw. Seilergraben führte im Bereich der heutigen Chorgasse, des Predigerklosters und nördlich davon zu einer Veränderung der Topographie. Der Chorgassen-Hügel, welcher steil gegen das Predigergässli abfällt, ist künstlich aufgeworfen und besteht aus einem sekundär umgelagerten Moränenaushub vom Stadtgraben. Der Baugrund des Predigerklosters ist ebenso ein sekundär umgelagertes kiesiges Paket von

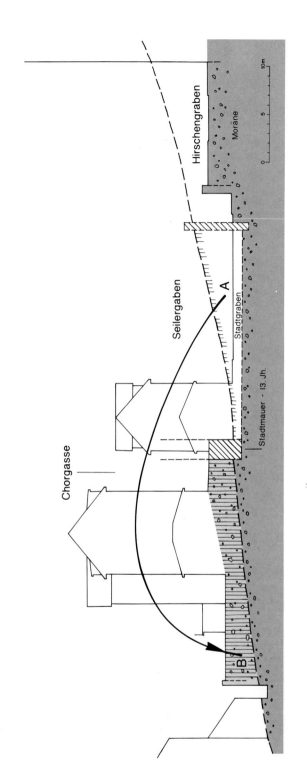

2 Chorgasse: Schnitt durch den mittelalterlichen Wehrbering mit der zugehörigen und der heutigen Topographie. Der Aushub (A) wurde nach B verlagert.

3 Blick von der Terrasse des Polytechnikums auf die Altstadt. Am linken Bildrand – zwischen der Predigerkirche (im Vordergrund) und dem Grossmünster – erkennt man den «höfischen Kern» um den Grimmenturm. Photo: Landolt-Arbenz, Zürich, um 1865.

knapp 2 Meter Mächtigkeit. Zuvor war dort eine Mulde, an deren Westrand der Wolfbach floss. Diese planierte Aushubschicht zieht sich bis über die Gräbligasse hinaus. Gewaltige Aushubmengen wurden nach Norden — im Bereich des Centrals — in die Limmat gestossen.

2.1 Römische Zeit

Der rechtsufrige Brückenkopf

Um den Kern des römischen Zürich, den Lindenhof, bildete sich eine zivile Siedlung, von der erstmals 1951 auch auf der rechten Limmatseite sichere Spuren freigelegt werden konnten. Dagegen waren die Funde von «Überbleibseln römischer Wohnungen», die 1839 im Hofe hinter dem Hause «Zum Weissen Turm» (Brunngasse 4) zum Vorschein kamen, kaum römisch. Während der ganzen Kanalisationssanierung fand sich weder in der Brunngasse noch in der Froschaugasse und der dazugehörigen Steinbockgasse auch nur eine einzige römische Spur! Wie denn auch die «römischen Reste» im Bereich des Predigerklosters, der heutigen Zentralbibliothek, unzweifelhaft späteren Ursprungs sind. Bezeichnenderweise findet sich in den alten Fundbeständen des Landesmuseums weder vom «Weissen Turm» noch vom «Predigerkloster» römisches Fundmaterial! — Eindeutig ist der Befund indes an der Münstergasse: Beim Ausheben eines Kellers im Haus Münstergasse 9 stiessen Bauleute im Mai 1951 auf die Mauern eines Rechteckhauses mit zwei Räumen, deren nördlicher ein Wasserbecken mit eingemauerten Röhrenziegeln in den aufgehenden Wänden aufwies. Eine Hypokaustheizung war aber nicht vorhanden, und es zeigte sich, dass die Tubuli lediglich zur Isolation dienten.

Eingangs Rindermarkt konnten 1982/83 die Fundamentreste eines grösseren römischen Steingebäudes, dessen Tiefe über 30 Meter und die Breite wohl gegen 20 Meter betragen hatten, freigelegt werden. Der quer über die mittelalterliche Gasse sich hinziehende Bau stand rittlings auf dem gegen Norden schwach geneigten Moränenrücken an bevorzugter Lage. An derselben Stelle fanden sich ausserdem zwei ältere Bauphasen, deren Südwest-Nordost-Orientierung jeweils vom jüngeren Bau übernommen wurde. Die mittelalterliche Überbauung indes steht weder zum römischen Grossbau noch zur davorliegenden römischen Strasse in Einklang. Der sorgfältig lagenhaft gefügte zweihäuptige Mauerverband aus handquaderartig zurechtgehauenen Steinen ist noch über fünf Lagen erhalten. Seine Mächtigkeit beträgt knapp zwei römische Fuss (ca. 0,6 Meter). Der Charakter ist demjenigen des kreisrunden Sakralbaus vor dem Haus Storchengasse 13 täuschend ähnlich und datiert diesen Bau oder zumindest den Teil eines grösseren Gebäudekomplexes ins spätere 1. Jahrhundert n.Chr. Die Keramik im frühesten Benützungsniveau unterstützt diese Zeitstellung. Im Hausinnern fanden sich die Reste einer Mörtelgussrollierung, welche an ein höher liegendes Schwellenlager anbördelt. Dieser rechtwinklig abgehende Mauerzug könnte zu einer Portikuskonstruktion gehört haben, welche etwa 5 Meter tief

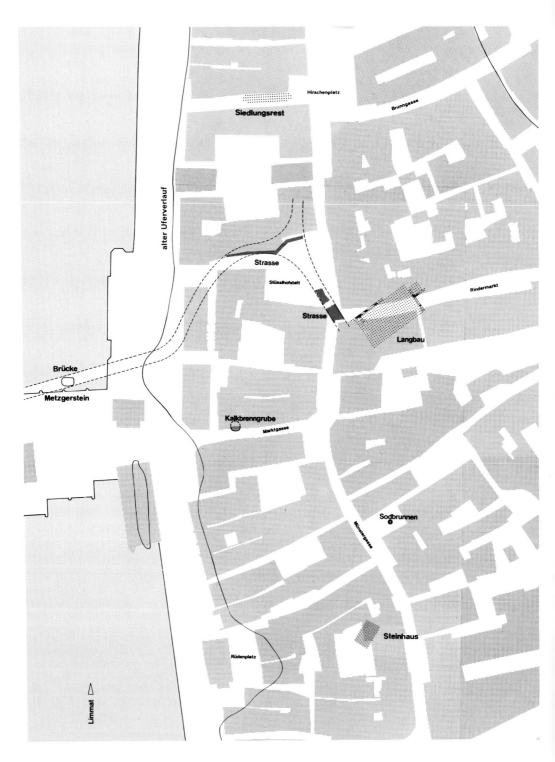

4 Römisches TURICUM: Befunde im Bereich der rechtsufrigen Altstadt um den Brückenkopf mit altem und heutigem Limmatverlauf.

5 Blick von Westen in den Rindermarkt. Vor der Nordfassade des Zunfthauses «Zur Schmieden» liegt die kleine Parzelle der Rettungsgrabung mit dem schräg zur Gasse liegenden Fundamentrest eines grossen römischen Gebäudes.

unmittelbar an die davorliegende Strasse angrenzte. — Nach Ausweis des Scherbenmaterials, der Ziegel- und Heizröhrenfragmente (Tubuli) muss dieses Gebäude vom 1. bis zum 3. Jahrhundert bewohnt gewesen sein. Die Grösse liess uns zuerst an einen öffentlichen Bau und mit dem gassenseitigen Prospekt gar an eine Kultanlage denken. Die Kleinfunde und die Baukeramik machen aber deutlich, dass es sich hier um ein grösseres Privatgebäude an bevorzugter Lage gehandelt haben muss, von dessen Inneneinrichtungen, dem Raumgefüge und von seinen Vorgängerbauten wir allerdings kaum etwas wissen.

6+7 Vor dem Zunfthaus «Zur Schmieden» (Ecke Marktgasse/Rindermarkt) hat sich über 1,3 Meter unter der aktuellen Pflästerung ein Rest der dreifachen Strassenkofferung erhalten: Jede der kiesigsandigen, stark verdichteten Packungen (I-III) ist gut 10 Zentimeter stark.

Die Frage nach der römischen Brücke, nach ihren Widerlagern und der Linienführung hat die Stadtkernforscher seit dem letzten Jahrhundert immer wieder beschäftigt. Das Wissen um die Limmatbucht im Bereich des Weinplatzes (1979/80) und unsere Rettungsgrabungen in den Liegenschaften Schipfe 2 bis 8 (1983 bis 1985) haben hierüber nun weitgehend Sicherheit gebracht. Zum jetzigen Zeitpunkt sei lediglich festgehalten, dass unter den vier Häusern die frührömische Uferzone gefasst werden konnte. Für unsere Frage wichtig ist, dass dieser

7 Legende auf Seite 18.

Bereich durch liegende und gestellte Balkenkonstruktionen mit Steinhinterfüllungen als Widerlager der römischen Brücke verfestigt worden ist. Zu verschiedenen Zeiten wurde dieser durch die erhöhte Flussgeschwindigkeit exponierte Ufersaum saniert. So scheint es, dass im 2. Jahrhundert n.Chr. die Brücke etwas weiter nach oben — unter das heutige Haus Schipfe 2 und das südliche Gässchen — zu liegen kam. Damals wurde römischer Schutt mit sehr viel Keramik des 1. und 2. Jahrhunderts n.Chr. hier im Uferbereich, unmittelbar nördlich des Brückenwiderlagers, als Planiematerial abgelagert und verfestigt.

Entscheidend für die Richtung der Brücke ist aber, dass die gefundenen Konstruktionen nicht rechtwinklig zum Ufer stehen, die Brücke mithin schräg über den Fluss geführt wurde. Auf dem in der Mitte der Limmat liegenden Metzgerstein hatte sie aufgeruht und etwa beim heutigen Haus Limmatquai 66 das rechte Ufer erreicht. Unser neuer Befund lässt eine Nachricht überprüfen, die besagt, dass an der oberen Schipfe noch im letzten Jahrhundert «Pfähle der römischen Brücke sichtbar gewesen seien», deren Orientierung deutlich gemacht habe, dass die Brücke einst schräg über den Fluss verlief. Weder von den Pfählen noch vom mächtigen Findling ist heute etwas zu sehen. Der Metzgerstein wurde beim Bau der neuen Rathausbrücke 1881 — sehr zum Schrecken einiger Kantonsräte, die im nahen Rathaus gerade Sitzung hatten — gesprengt.

Die 1866 beim Abbruch des Hauses «Zum Kiel» an der Marktgasse gefundenen und als Widerlager der römischen Brücke interpretierten grossen Steinblöcke können — wenn sie überhaupt römisch waren, was aufgrund der wenig zuverlässigen Angaben nicht zu entscheiden ist — lediglich mit einer Uferbefestigung etwas zu tun haben.

Im Bereich Stüssihofstatt/Rindermarkt/Münstergasse konnte 1982 ein römischer Strassenkörper gleich dreimal vor der endgültigen Zerstörung durch den tiefgreifenden Kanalisationsgraben dokumentiert werden. Vor den Häusern Stüssihofstatt 3, 4, 12 und Marktgasse 23 lag die älteste römische Kieskofferung der Strasse jeweils über 1,3 Meter unter der aktuellen Pflästerung.

An allen drei Fundstellen machten wir die Beobachtung, dass die Strasse zweimal erneuert wurde. Man hat jeweils eine gut 0,1 Meter starke Kies-/Sandpackung aufgeschüttet und verdichtet. Die volle Breite des durch frühere Kanalisationseingriffe bereits stark gestörten Strassenkörpers konnte nirgends gefasst werden. Das jüngste römische Strassenniveau lag hier einen guten Meter unter dem heutigen und wies wie die beiden Vorgänger eine braunolive Verschmutzung mit rostigen Einschlüssen auf. Im ältesten Strassenbelag fanden sich nur Scherben des 1. Jahrhunderts n.Chr. Es scheint also, dass dieses Strassenstück, welches vom Brückenkopf Ost, im Bereich der heutigen Häuser Limmtquai Nrn. 64/66, in einer sanften Rechtskurve, die gut 10 Meter höher liegende Moränenterrasse erreicht hatte, bereits in der Mitte des ersten nachchristlichen Jahrhunderts bestand und intensiv begangen worden ist. — Beim heutigen Stüssihofstattbrunnen vereinigte sich diese von Baden kommende «Haupt»-Strasse mit einer Querverbindung, welche etwa der Niederdorfstrasse folgend über den Milchbuck und Oerlikon—Seebach—Glattbrugg nach Kloten zur Jura-Südfuss-Achse führte.

Die Marktgasse geht seit dem Mittelalter im rechten Winkel vom Limmatufer weg und erreicht als kurze Stichstrasse von 60 Meter Länge die erste Moränenterrasse, welche etwa 10 Meter höher liegt. Hier oben, auf gut 415 Metern über Meer, folgte einst die römische Strasse etwa dieser Höhenkurve parallel zum Fluss und um den Grossmünstersporn herum, der Oberdorfstrasse folgend, südwärts. Seit der Kanalisationssanierung in diesem Bereich (1982) wissen wir, dass die Marktgasse kein römischer Strassenzug ist, wie man dies bis anhin angenommen hatte. Die heute stark gestörte Moränenoberkante, die mit grossen Findlingen und ihrem sandig-kiesigen Material eine schwach geneigte Halde bildete, liegt hier knapp 0,5 Meter unter der aktuellen Pflästerung. — In römischer Zeit wurde vom verrotteten Vegetationshorizont dieser natürlichen Moränenschulter eine Grube von etwa 1,6 Metern Tiefe gegraben. Ihre lichte Weite beträgt am Rand gut 3 Meter, die Grubenwände sind nicht steil geböscht. In dieser runden Wanne wurde Kalkstein zur Mörtelherstellung gebrannt. Die starke Hitze hat die sand-siltig anstehende Moräne brandrot verfärbt. Auf der Grubensohle liegt noch eine Kruste ausgeglühten Kalkes. Über das Aufgehende dieses römischen Kalkbrennofens konnten wir keine Beobachtungen machen.

Im 12./13. Jahrhundert wurde an dieser Stelle der erste Steinbau des Hauses «Zum Salmen» (Marktgasse 7) errichtet. Das Bollensteinfundament greift in die Grubeneinfüllung und schneidet diese etwa hälftig. Der nördliche Teil ist durch einen neuzeitlichen Kellereinbau verschwunden, die südliche Hälfte dieses römischen Kalkbrennofens hat die Kanalisationssanierung zerstört. — Was übrigbleibt, ist ein membranartiger Rest unter dem Fundamentsockel und ist unser Wissen um einen «kleinen Befund», der zusammen mit dem wenige Monate zuvor gemachten «Strassenfund» in der Stüssihofstatt zur Gewissheit über die Wegführung im Bereich des römischen Brückenkopfs Ost geführt hat.

Unmittelbar unter der alten Pflästerung des Plätzchens vor dem ehemaligen Kaffeehaus Schober an der Napfgasse 4 bzw. südlich vom Haus Spiegelgasse fanden sich spätmittelalterliche Fundamente und das Rund eines isolierten römischen Sodbrunnens. Der Steinmantel des Brunnenschachtes ist aus kopfgrossen Bruch- und Bollensteinen mörtellos gefügt. Die Fugen sind mit rötlichem Lehm «ausgekittet». Der Sodbrunnen und ein wohl zugehöriges, aber nicht belegtes Gebäude, stiessen unmittelbar an die römische Strasse, welche von der Stüssihofstatt hier vorbeikommend zum späteren Grossmünstersporn hinzog. Leider fand sich aber während der Kanalisationssanierung (1984) in der geöffneten Gasse nichts von dieser Strasse, deren Verlauf aus topographischen Gründen aber dem der Münstergasse entsprochen haben muss.

Das 1951 von Emil Vogt freigelegte Haus unter den Liegenschaften Münstergasse 3 bis 9 lag, dem Geländeabfall zur Limmatbucht im Bereich des heutigen Rüdenplatzes angepasst, leicht schräg zur Münstergasse und gibt uns indirekt Auskunft über den Verlauf der römischen Strasse.

Südlich, gegen den See hin, konnten während der Kanalisationssanierung (1983) weitere Befunde dokumentiert werden. Auf der ersten möglichen Terrasse nach dem «Steilufer» des Grossmünstersporns verlief parallel zum Fluss die Strasse und lag ebenfalls der römische Friedhof, in welchem nach der Legende Felix und Regula bestattet worden sind. Im Bereich der mittleren Kirchgasse ist hernach der weitere Verlauf der Strasse zu suchen, welche sich hier von Norden kommend um den Moränensporn, den nachmaligen Standort des Grossmünsters, durch eine S-Kurve näher zur Limmat bzw. dem trichterförmigen Seeausfluss hinwendet. Die römische Strasse scheint uns hier mit der Oberdorfstrasse zusammenzufallen. Auch wenn wir während der Kanalisationssanierung keine Beweise mehr für die Wegführung gefunden haben, so kommt sie aus topographischen Überlegungen nirgendwo anders in Frage. Der uns hier interessierende nähere Bereich Rindermarkt/Neumarkt war indes in römischer Zeit kein Siedlungsraum. Bislang ist in dieser abseitigen Lage vom Lebensnerv des Vicus, der Limmat, nicht eine einzige Scherbe, geschweige denn ein Siedlungsbefund wissenschaftlich geborgen und dokumentiert worden. Wir schliessen es aber nicht aus, dass in den lichten Auenwäldchen am Wolfbach, am Fuss der Zürichberghalde, kleinere Ökonomiebauten und Stallungen in Holzbauweise gestanden haben.

2.2 Frühmittelalterliche Zeit

Bislang fanden sich in unserem Bereich keine frühmittelalterlichen Siedlungsspuren: Weder Reste von Holzhäusern mit trockenverlegten Steinlagern für den Schwellenkranz, wie wir es für die spätkarolingischen Bauten auf dem Münsterhof dokumentieren konnten, noch Abtiefungen mit zugehörigen Benützungsschichten von Grubenhäusern, wie sie etwa auf dem Basler Münsterplatz freigelegt worden sind. Auch keine Kleinfunde konnten geborgen werden, die diesen Zeitraum belegen.

Es gibt einzig frühmittelalterliche Gräber, die in den Jahren 1971 bis 1984 im Bereich Obere Zäune / Spiegelgasse / Neumarkt entdeckt worden sind. Sie legen Zeugnis ab von einer rechtsufrigen Bewohnerschaft. Im folgenden soll dieser für Zürichs Frühzeit wichtige archäologische Befund kurz vorgestellt werden.

Das frühmittelalterliche Hofgräberfeld an der Spiegelgasse

Im Jahre 1971 stiessen Arbeiter bei einer Renovation im Keller des Hauses Nr. 14 an der Spiegelgasse auf eine Kinderbestattung. Über die avisierte Kriminalpolizei kamen die menschlichen Reste an das Gerichtlich-Medizinische Institut der Universität Zürich, ohne dass Anthropologen oder Archäologen davon in Kenntnis gesetzt worden wären. Da es sich in diesem Keller um die Fundamente des Hauses handelt, in dem Lenin 1912 gewohnt hatte, kursierten bald fantastische Gerüchte. Ein anthropologisch seriöser Fundbericht existiert nicht; das postkraniale Skelett wurde ohne vorgängige Bearbeitung für eine C14-Bestimmung verwendet; der rekonstruierte Schädel ist heute Schauobjekt am Gerichtlich-Medizinischen Institut der Universität Zürich.

1972 kam bei Umbauarbeiten im Lichthof des Hauses «Zum Unteren Rech» am Neumarkt 4 — dem heutigen Sitz des Büros für Archäologie der Stadt Zürich — eine menschliche Bestattung zum Vorschein. Sie wurde dokumentiert und gehoben. Die Beigaben des auf dem Rücken liegenden etwa 60jährigen Mannes, ein kleines Eisenmesser und eine einfache, ovale Eisenschnalle, datieren ins letzte Viertel des 7. Jahrhunderts. Die beiden Fundstellen sind zirka 80 Meter voneinander entfernt.

Wenig später, nämlich 1974, entdeckte man bei Aushubarbeiten neben dem Haus «Zur Hohen Eich», an der Spiegelgasse 13 — unweit des «Leninhauses» — Streufunde eines menschlichen Individuums und den Oberkörper einer mensch-

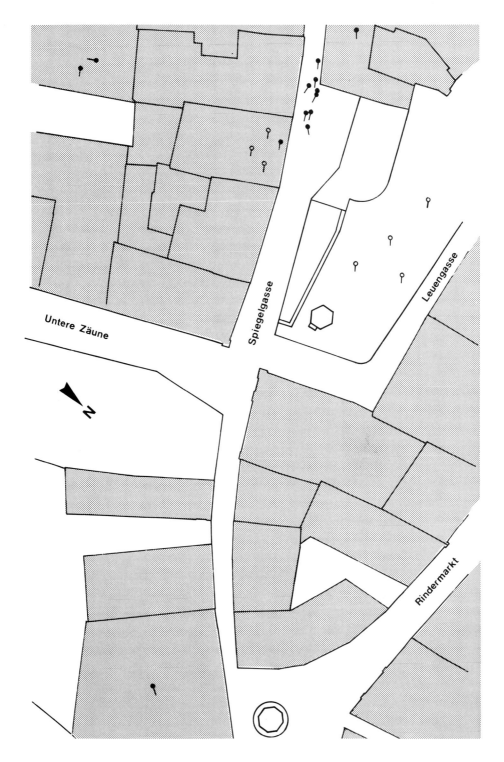

8 Frühmittelalterliches Hofgräberfeld «Spiegelgasse»: archäologisch gesicherte Gräber (geschlossene Nadeln) im Gegensatz zu den nicht beobachteten Gräbern.

9   Blick im Osten in den geöffneten Leitungsgraben der Spiegelgasse.

lichen Bestattung. Damit begann sich die Existenz eines bislang unbekannten Gräberfeldes in der Umgebung der Spiegelgasse abzuzeichnen. Als wir von den geplanten Leitungsarbeiten in dieser Gasse hörten, setzten wir uns frühzeitig mit der Bauführung in Verbindung und konnten 1975 zehn bis zwanzig Zentimeter unter dem Grabensohlenniveau der städtischen Leitungen weitere 8 Bestattungen freilegen.

Das beigabenlose Grab eines 50- bis 55jährigen Mannes hebt sich deutlich ab von den anderen bislang entdeckten Bestattungen. Es handelt sich um das Trokkenmauergrab 8: Die Abdeckung bestand aus einer bruchrohen Kalksteinplatte,

10 Blick von Osten auf die freigelegte Bestattung 8 eines 50—55jährigen Mannes in seinem Trockenmauergrab. Von letzterem sind noch die monolithischen Kopf- und Fussplatten sowie die unterste Steinlage der südlichen Seitenwand zu sehen, auf deren nördlichen Längswand sitzt das Fundament eines abgegangenen hochmittelalterlichen Hauses auf.

die das Grab mehr oder weniger lückenlos abschliesst. Die Kopfschmalseite besteht aus einer schildförmigen, bruchrohen Kalksteinplatte, diejenige am Fussende aus einem grossen, grob zurechtgehauenen Kalksteinquader. Die zwei bis drei Lagen der etwa 45 Zentimeter hohen Längswände sind aus groben Kalksteinen trocken aufgefügt.

Das dickwandige Grab ist «körpergerecht» angefertigt worden: Die grösste Weite liegt im Bereiche des Brustkorbes; zum Fuss- und Kopfende hin verjüngt sich das Grab zusehends. Abgesehen vom verwendeten Material entspricht die Konstruktion derjenigen der Trockenmauergräber 1 und 11 im frühmittelalterlichen Gräberfeld am St.-Peter-Hügel in Zürich, die beide der Zeit um 700 n.Chr. angehören. Sowohl die ungewöhnliche Grabtiefe als auch das Trockenmauergrab zeichnen diese Bestattung als «vornehmste» innerhalb der Spiegelgassgräber aus. Es gehört zu den ältesten — wir datieren es ins späte 7. Jahrhundert — und ist bereits beigabenlos.

Die Existenz eines Gräberfeldes im Bereich der Spiegelgasse war damit erwiesen: Es liegt auf der östlichen Seitenmoräne des Linthgletschers in der rechtsufrigen Zürcher Altstadt und erstreckt sich vom Kamm bis zum Fuss der nach Nordosten abfallenden Moränenflanke.

1984 wurden beim archäologischen Voraushub im zu unterkellernden Bereich der Liegenschaft Obere Zäune 22/24 weitere zwei Gräber freigelegt. Der Schädel eines männlichen Individuums liegt in gestörter, gegen Süden gerichteter Lage. Die beiden Bestattungen markieren die bislang weiteste Ausdehnung gegen Süden.

Die bis heute bekannten 13 Individuen verteilen sich «nestartig» auf eine Fläche von zirka 100 × 30 Meter. Von älteren Anwohnern der Spiegelgasse, welche sich noch «ganz genau» erinnern, konnten wir 1979 in Erfahrung bringen, dass beim Auskernen des Leuengassenquartiers in den Jahren 1937/38 «massenhaft Chnöche und Schädel» gefunden worden seien.

Alle wissenschaftlich geborgenen Gräber sind grundsätzlich geostet, wichen aber etwas von der idealen Ostung gegen Norden hin zur Fallinie der Nordostflanke des Moränenhügels ab (mittlere Ostung: + 40 Grad). Sie liegen um 120 Zentimeter unter der heutigen Pflästerung bzw. dem aktuellen Benützungsniveau, etwa parallel zur Hangneigung und dieser entsprechend gestaffelt. Eine Ordnung im Gräberfeld ist nicht feststellbar. Männer-, Frauen- und Kindergräber sind scheinbar zufällig verstreut angelegt.

In fast allen Gräbern ruhten die Toten mit gestreckten Armen (Ausnahme: Grab 3) und Beinen in Rückenlage. Das Hinterhaupt war mit Ausnahme vom Grab Haus «Zum Untern Rech» nirgends unterlegt worden. Bei drei Bestattungen war der Kopf deutlich zur linken Körperseite hin gedreht. Bei fünf Bestatteten lag er in der median-sagittalen Körperebene. Neben einem Trockenmauergrab (das oben beschriebene Grab 8) sowie einer Sargbestattung (Haus «Zur Hohen Eich») lagen die Toten in breiten Erdgruben. Die leicht vom Körper abgerückten

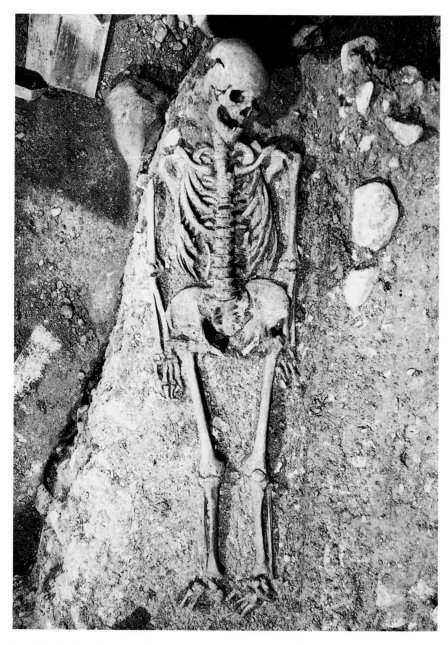

11 Neumarkt 4, Lichthof des Hauses «Zum Unteren Rech». Aufsicht auf das Erdgrab des etwa 60jährigen Mannes aus dem letzten Viertel des 7. Jahrhunderts.

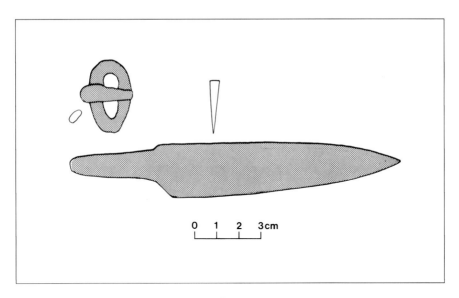

12 Eisenmesser und einfache ovale Eisenschnalle des Männergrabes aus dem Lichthof des Hauses «Zum Unteren Rech». Letztes Viertel des 7. Jahrhunderts.

Arme und die teilweise etwas gespreizten Beine deuten darauf hin, dass die Toten vor der Grablegung nicht straff — etwa mit Tüchern — umwickelt worden sind.

Die 13 Bestatteten setzen sich aus fünf Männern, vier Frauen und vier Kindern zusammen. Das Geschlechtsverhältnis ist demnach ausgewogen. Der Anteil von 36 Prozent an Kindergräbern ist mit Sicherheit zu klein, da die Säuglingssterblichkeit damals hoch gewesen sein muss. Historische — zum Beispiel der hochmittelalterliche Friedhof vom Münsterhof in Zürich — und rezente Beispiele von Bevölkerungsgruppen, die ohne moderne medizinische Versorgung auskommen mussten, machen deutlich, dass ein Drittel bis die Hälfte aller verstorbenen Kinder im Säuglingsalter verschieden sind. Deshalb ist auf die neun Erwachsenen in unserem Gräberfeld mit zusätzlich drei bis vier verstorbenen Kleinstkindern zu rechnen, die allerdings nicht im von uns ergrabenen Areal bestattet worden sind. Die zu hohe mittlere Lebenserwartung von 37,5 Jahren liegt bei Berücksichtigung der zu erwartenden Säuglinge um die 30 Jahre, was den zuverlässigen Vergleichsdaten entspricht. Keiner der Erwachsenen starb adult (20- bis 40jährig), nur einer erreichte seniles Alter (› 60jährig), alle andern starben zwischen 40 und 60 Jahren (matur). Das mittlere Sterbealter der Männer entspricht mit 55 Jahren demjenigen der Frauen mit 54 Jahren. Auch diese Werte unterscheiden sich nicht von denen anderer zeitgleicher Bevölkerungen.

Spuren von Krankheiten sind häufig, obwohl sie teilweise mit dem hohen Alter der Toten in Verbindung stehen. Daneben finden sich unter anderem drei posttraumatisch konsolidierte Frakturen, ein Fall einer schweren Arthritis, eine Synostose zweier Glieder am rechten Zeigfinger, eine einseitige Kiefergelenkarthrose, zwei Spondylosis deformans-Fälle mit Diabetesverdacht sowie ein verschlossenes (!) Foramen ovale im Bereiche der Schädelbasis. Insgesamt ergeben sich 20 pathologische Befunde am Skelett von sechs Erwachsenen. Karies scheint nicht häufig zu sein. Dagegen ist starker Zahnsteinbefall und als Folge davon Parodontose üblich.

Trotz der geringen Anzahl der Individuen stimmen die ermittelten demographischen Werte auffallend gut mit derjenigen einer jüngeren, bzw. älteren Vergleichsbevölkerung aus engstem geographischem Raum — dem Zürcher Stadtkerngebiet — überein. Es scheint, als ob das mittlere Sterbealter der Männer — im Gegensatz zu demjenigen der Frauen, das eher konstant und niedriger bleibt — gegen das Hochmittelalter hin zunimmt. Gleichzeitig nimmt die Zahl der am Knochen nachweisbaren Krankheiten sowie Frakturen ab. Eine Kindersterblichkeit von um 50 Prozent, wovon die Hälfte als Säuglinge starben, eine mittlere Lebenserwartung von um 30 Jahren sowie das sechste Lebensjahrzehnt als häufigstes Sterbedezennium darf als normal für die Lebenssituation der Bevölkerungen aus dem früh- und hochmittelalterlichen Zürich angenommen werden. Sowohl Frakturen als auch Abnützungserscheinungen im Bereiche von Gelenken scheinen bei den Spiegelgassleuten besonders häufig aufgetreten zu sein.

Die Körperhöhe der Verstorbenen von der Spiegelgasse ist überraschend gering. Mit 166,1 Zentimeter liegen die Männer im Durchschnitt fast 3 und mehr Zentimeter unter dem Mittelwert ihrer Vor- und Nachfahren. Auch die Frauen sind mit im Mittel 158,2 Zentimeter vergleichsweise klein. Der geschlechtsspezifische Unterschied entspricht jedoch in etwa den Vergleichsgruppen.

Bisher fehlt jede Spur einer Friedhofkapelle und auch jeder indirekte Hinweis. Deshalb meinen wir, in diesem Friedhof die Grablege der Bewohner des rechtsufrigen «Brückenkopfes» gefunden zu haben: Ein Gräberfeld des 7. und frühen 8. Jahrhunderts, das unmittelbar neben den Höfen angelegt worden ist und durch seine ungleichmässige Bestattungsdichte ganz den Charakter einer Gruppe von kleinen Hofgräberfeldern zeigt, also Familiengrabbezirke, die sich zu einem lockeren Ganzen zusammenfügen. Eine ähnliche Situation zeichnet sich bei den Grubenhäusern im Bereich des Basler Münsterplatzes ab und bilderbuchhaft im bayerischen Kirchheim.

Wahrscheinlich handelt es sich beim Hofgräberfeldbezirk an der Spiegelgasse um den direkten Vorgänger des Friedhofs auf dem Grossmünsterhügel. Nach der Entdeckung der Heiligengräber von Felix und Regula, dieser folgenschweren lokalen «INVENTIO» und deren kirchlicher Sanktion, war das Auflassen des «wilden Hofgräberfeldes» an der Spiegelgasse zugunsten der Bestattung «ad sanctos» nur noch eine Frage der Zeit, wenn nicht gar ein Diktat der Kirche. Die demographischen Befunde, der vergleichsweise einfache Grabbau und die spärlichen Beigaben sowie unsere anders gearteten Feststellungen über die Gräber am St.-Peter-Hügel lassen uns annehmen, dass sich die rechtsufrige Bevölkerung von den Bewohnern der linken Limmatseite unterschied. Der wohl minderprivilegierten und kleinwüchsigen bäuerlichen Bevölkerungsschicht aus dem Hofgräberfeld Neumarkt/Spiegelgasse/Obere Zäune stand drüben beim St.-Peter-Hügel/Lindenhof eine vermöglichere und auch politisch mächtigere Schicht alemannischer Familien gegenüber, die starken romanischen Einschlag zeigten.

13 Ausschnitt aus dem Stadtprospekt von Jos Murer, 1576. Im Mittelpunkt erkennt man den «Rindermerckt» und den «Nüwmerckt».

3. Städtische Ausbauzone im 12./13. Jahrhundert

Die Heiligengräber von Felix und Regula stehen am Anfang der baulichen Entwicklung.

Im 8. Jahrhundert wird — mit Absicht oder durch Zufall — in dem in Vergessenheit geratenen römischen Gräberfeld an der Ausfallstrasse nach Rätien ein Doppelgrab entdeckt, das aus irgendeinem Grund auffällt. Sei es einer besonderen Inschrift, eines sorgfältigen Grabbaus, reicher Beigaben, oder auch nur seines hohen Alters wegen. Die «Auffindung» («Inventio») am Ort des späteren Grossmünsters steht ohne Zweifel am Anfang einer organisierten baulichen Entwicklung des rechten Limmatufers.

Damals wurde der «wilde Hofgräberfelderbezirk» im Bereich Obere Zäune/ Spiegelgasse/Neumarkt zugunsten dieser «Inventio» aufgelassen. Die vorerst nur zaghaft anhebende Verehrung erhielt im mittleren 8. Jahrhundert mit der Niederschrift der «Passio Felicis et Regulae» die kirchliche Sanktion und wurde gleich auch als Ereignis von politischer Bedeutung inszeniert. Letzteres war Ausdruck einer gezielten fränkischen Politik, deren Stossrichtung über Zürich hinaus in den Alpenraum und nach Italien hinwies. — Es ist, wie wenn man eine verstaubte Landschaft «durchgeschüttelt» hätte, bis die alten Strukturen wieder sichtbar wurden: Turicum als Zollposten und Etappenort am römischen Weg Rätien—Gallien oder das frühmittelalterliche Ziurichi des Ravennater Geographen in der Stützpunktkette Strassburg—Basel—Zürich.

Neben den Heiligengräbern selbst entstand als erstes ein Friedhof, denn nun wollte man als guter Christ und frommer Franke «ad sanctos», bei den Heiligen, bestattet sein. Eine zunächst noch bescheidene klösterliche Institution war um Unterhalt und Pflege der Wallfahrtsstätte besorgt. Im fortschreitenden 8. Jahrhundert wurde der Ort der Heiligenverehrung dann auch baulich organisiert. Neben einem kirchlichen Urbau entstanden Konventbauten für die geistlichen Betreuer der Wallfahrt und der Pilger. In der Frühzeit waren diese Gebäulichkeiten wohl noch sehr einfach und klein. Sicher scharten sich um den geheiligten Bezirk rasch auch weltliche Bauten, deren Besitzer in der einen oder anderen Form mit der bereits im 9. Jahrhundert erwähnten Chorherrenkongregation in Beziehung standen. Diese bauliche Entwicklung wirkte sich im doppelten Sinne auf den nördlich gelegenen «Brückenkopf» aus: Zum einen kamen zu der lockeren Gruppe von Einzelhöfen am Moränensporn Obere Zäune/Spiegelgasse/ Neumarkt weitere Bauten hinzu; zum anderen wurde durch diese bauliche Verdichtung an der engsten Stelle des unteren Seetrichters bzw. der Limmat die Notwendigkeit des erneuten Brückenschlags geschaffen.

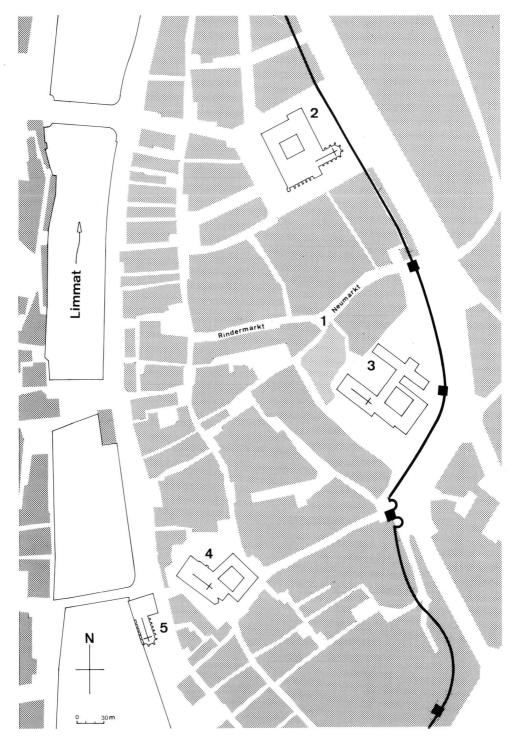

14 Rechtsufrige, von der einzigen mittelalterlichen Stadtmauer (13./14. Jahrhundert) umschlossene Stadthälfte mit:
1 «höfischem Kern» Rindermarkt/Neumarkt
2 Predigerkloster
3 Barfüsserkloster
4 Grossmünster
5 Wasserkirche

15   Blick vom Seilergraben auf das Kronen- oder Neumarkttor nach Abtragung des Vorwerks; 18./19. Juli 1827. Original in der Zentralbibliothek, Zürich.

Die Verengung der Limmat unterhalb des Rathauses muss einst noch markanter gewirkt haben, denn dank unseren Grabungen im Vorfeld der Kanalisationssanierung von 1979/80 wissen wir, dass die Uferlinie im Bereich des Weinplatzes buchtartig auf die heutige westliche Häuserflucht beim Spielwarengeschäft zurücksprang. Das in der «Bucht» gefundene, mit Abfällen durchsetzte Schuttpaket lässt auf ein ruhiges, teilweise durch Molen geschütztes römisches Hafenbecken schliessen. Seine Auffüllung war erst im Verlauf des Hochmittelalters abgeschlossen. Im obersten Planiekeil liessen sich die jüngsten Scherben ins späte 12. oder beginnende 13. Jahrhundert datieren. Damals war die Bucht weitgehend verfüllt und das Flussufer ins östliche Drittel des heutigen Weinplatzes verschoben worden. Zu dieser Zeit dürfte der romanische Wohnturm Weinplatz 2, der «Rote Turm», bereits gestanden haben. In dem nunmehr gewonnenen Freiraum wurde im späteren 13. Jahrhundert das Kornhaus errichtet. Seine Ostmauer diente zugleich als Ufermauer.

In Verbindung mit dem bereits bestehenden Männerkloster an der Grablege der Märtyrer auf dem Hügel über dem rechten Limmatufer stiftete König Ludwig II., der Deutsche, ein Frauenkloster. In der Folge wurde für den Frauenkonvent, welchem keine geringere als Ludwigs Tochter Hildegard vorstand, auf der linken Flussseite eine wahrhaft königliche Kirchen- und Klosteranlage errichtet und 874 geweiht. Wir schliessen nicht aus, dass auf dem Lindenhof an der Pfalz und auf der unlängst trocken gefallenen sumpfigen Niederung am Fraumünster gleichzeitig gebaut worden ist. Jedenfalls wurden auf dem weltlichen wie auf dem geistlichen Bauplatz dieselben mechanischen Mörtelmischer verwendet. Angesichts dieses baulichen Grossprogramms muss man sich die Frage stellen, ob nicht der wilde Sihlarm bewusst trockengelegt wurde, damit am bislang unwirtlichen anderen Ufer, der Wallfahrtsstätte ein würdiges Gegenüber errichtet werden konnte. Das besondere Gewicht dieser vorerst doppelklosterartigen Verbindung geht auch daraus hervor, dass im 9. und 10. Jahrhundert fast ausschliesslich königliche und herzogliche Damen an deren Spitze standen.

Um die Jahrtausendwende verfüllte man — wie Keramikfunde deutlich machen — am gegenüberliegenden Ufer eine Limmatbucht im Bereich untere Römergasse / Schoffelgasse / Rüdenplatz. Noch in römischer Zeit reichte diese untiefe Bucht bis zum heutigen Nägelihöfli.

Im 9., spätestens aber im 10. Jahrhundert wurde der Brückenschlag vollzogen, und die Ausdehnung des Brückenkopfes Ost mag sich im Bereich der Marktgasse, des Rindermarktes und der Brunngasse bis zum Wolfbach erstreckt haben. Gegen Süden schloss sich die Lücke zur Grossmünsterbaugruppe hin, dem aufgeschütteten Ufer und der vorderen Münstergasse entlang. Der Moränenrücken und die dahinterliegenden Wolfbachauen — von den Unteren Zäunen bis zu den steilen Halden des Zürichbergfusses — wurden wohl wie in römischer Zeit als Weide- und Ackerland benutzt.

Vom Rindermarkt zum Neumarkt

Die Herausbildung des Rindermarktes oberhalb des rechten Limmatufers steht nach unserem Dafürhalten in einem direkten Zusammenhang mit der bäuerlichen Bevölkerungsschicht und deren lockeren Hofsiedlungen im Bereich Obere Zäune / Spiegelgasse / Neumarkt. Die Wolfbachniederung, vor allem aber das sicherlich früh gerodete Plateau gegen Hottingen bildeten ein land- und viehwirtschaftlich genutztes Einzugsgebiet.

16 Blick von Osten in den Rindermarkt. Deutlich spürbar ist die sanfte Steigung zum abfallenden Moränensporn. Photo: Linck, Zürich, 1919.

Rindermarkt und Neumarkt folgen — wie bereits erwähnt — dem günstigsten Gelände für eine in Richtung Zürichberg laufende Strasse. Dies erklärt, warum gerade längs dieser Linie im 12./13. Jahrhundert eine wichtige Stadterweiterung stattgefunden hat. Der namengebende Viehmarkt wurde bereits im 12./13. Jahrhundert in den Neumarkt und 1339 in den Burggraben beim Neumarkttor verlegt. Der Rindermarkt selbst wird mit 1277 urkundlich spät ersterwähnt. Damals jedenfalls war der Name im nunmehr weitgehend handwerklich strukturierten Gassenzug nur noch Erinnerung an die einstige Funktion.

Ausdruck des hier ansässigen handwerklichen Milieus sind die schmalbrüstigen Riemenparzellen auf der nördlichen Gassenflucht. Gegenüber — am Fuss des Moränensporns der Oberen Zäune/Spiegelgasse — sind die Grundrisse anders, ist die Bebauung älter und der Charakter «höfischer».

Das erstmals 1145 erwähnte «Novum Forum» hat man sich zunächst längs diesem bergwärts führenden Weg jenseits des Wolfbaches vorzustellen. Am «Neumarkt» erhielt diese Vorstadt ihren «architektonischen Fluchtpunkt» mit den markanten Steinbauten: den Kernbauten des Oberen und Unteren Rechs, dem Bilgeriturm, den ältesten Steinhäusern der Deutschen Schule und dem Grimmenturm (erstes bis letztes Drittel des 13. Jahrhunderts) am unteren Ende der werdenden Gasse sowie dem Torturm der einzigen mittelalterlichen Stadtmauer am oberen «Gassenende». Der nun baulich fixierte Gassenzug war zuvor kaum mehr als ein von einzelnen Höfen gesäumter Strassenraum gewesen. Wohl erst vom 13. Jahrhundert an regelte die Obrigkeit allenthalben das wilde Wachstum der Vorstädte durch eine uns nicht mehr bekannte Bauordnung. Dieser Wille wird im späthöfischen Kern oberer Rindermarkt/Froschaugasse/Neumarkt besonders deutlich.

Wesentliches zur städtebaulichen Erschliessung haben die beiden Bettelordensgründungen beigetragen. Die Dominikaner oder Prediger waren 1231 die ersten Mönche, welche sich in der kurz zuvor reichsunmittelbar gewordenen Stadt niederliessen.

Die monumentenarchäologischen Untersuchungen in den Häusern Predigerplatz 18, «Blauer Himmel»/Predigerplatz 22/24 «Grüner Berg», wurden 1979/80 dadurch erleichtert, dass gleichzeitig zwei benachbarte Häuser umgebaut wurden. So konnten Beobachtungen diesseits und jenseits der gemeinsamen Brandmauer vorgenommen werden. Darüberhinaus konnten an der Brandmauer zum Predigerplatz 26 wichtige Aufschlüsse über den Kernbau des späteren «Rehböckli» gewonnen werden. Die ältesten Bauphasen sollen hier kurz vorgestellt werden. Deutlich wird dabei der Einfluss des Klosters als Kristallisationspunkt.

Unter dem «Blauen Himmel» hatte sich noch ein «Zeugensteg» mit Kulturschichten erhalten. Dieser und die Funde, welche in Abfallgruben geborgen werden konnten, beweisen, dass den in Stein aufgeführten Kernbauten kleinere hölzerne Gebäude vorangegangen sind. Diese reichen in die Entstehungszeit des Predigerklosters zurück (mittleres 13. Jahrhundert), wie die Keramik deutlich macht.

Im 13./14. Jahrhundert entstehen je ein gassen- und ein hofseitiger Kernbau. Ersterer (Predigerplatz 26) war über drei Geschosse massiv in Stein aufgeführt; derjenige des «Blauen Himmels» (Predigerplatz 18) wies mindestens einen festen Erdgeschosssockel auf.

Im 14./15. Jahrhundert wird auf die noch unverstellte Parzelle zwischen den beiden Kernbauten ein Haus in Mischbauweise gestellt. Der spätere «Grüne Berg» (Predigerplatz 22) weist von Anbeginn an die heutige Tiefe auf und besass damals drei Geschosse.

Der Einfluss der 1247 erstmals erwähnten Franziskaner und deren um die Mitte des 13. Jahrhunderts errichteten Barfüsserklosters, welches nach der Reformation zum Obmannamt und schliesslich zum Obergericht wurde, lässt sich zu unserem Bereich hin nicht so deutlich verfolgen. Zum einen kehren die Neumarkthäuser dem Kloster den Rücken zu, zum andern lag deren Areal etwas «abseits» im Mauerwinkel des Stadtberings. Die Überbauung an der 1865 erstmals erwähnten Obmannamtsgasse ist sehr jung und reicht bloss ins 18. Jahrhundert zurück. Etwas anders verhält es sich mit den Häusern an der Unteren und Oberen Zäune. 1357 sind im ältesten Steuerrodel 18 Häuser an den Unteren Zäunen verzeichnet. In den 1360er Jahren sind es nur noch 8 bis 9 und in den 1370er Jahren wieder 12 Häuser. Diese lassen sich nur zu einem kleinen Teil mit den in den Rödeln von 1401 bis 1470 aufgeführten 15 bis 16 Häusern sicher identifizieren.

Die meisten Häuser an den Unteren Zäunen waren damals von Frauen bewohnt. Zusammen mit den Oberen Zäunen bildeten sie einen zum gegenüberliegenden Barfüsserkloster gehörenden Beginenbezirk. Vielfach besassen die Frauen ihre Häuser nur leibgedingsweise, das heisst zu lebenslänglicher Nutzniessung.

17 Blick von Osten in den Neumarkt. Im Hintergrund der gekappte «Grimmenturm» mit dem «Langen Keller». Die Gasse fällt leicht zur Wolfbachsenke hin ab. Photo: Linck, Zürich, 1919.

Beim «Fliegenden Fisch» (Untere Zäune 5) zeitigten unsere monumentenarchäologischen Untersuchungen in Begleitung eines tiefgreifenden Umbaus 1981 bis 1983 interessante Befunde: Der zurückgesetzte Kernbau mit dem gemauerten Erdgeschosssockel und einem hölzernen Aufbau aus der zweiten Hälfte des 13. Jahrhunderts erfuhr wohl im früheren 14. Jahrhundert eine Erweiterung bis zur Strassenfront hin. Laut Corrodi-Sulzer besassen die Barfüsser damals dieses Haus zu eigen, und so wollen wir die Geschichte desselben bis zur Reformation kurz weiterverfolgen.

Am 21. Juni 1319 erwarben die fünf Kinder der verstorbenen Frau Mechtilt von Aarau, Schwester Gertrud, Schwester Margret, Schwester Anna, Niklaus und Franziskus, das Haus um 30 Pfund zu Leibgeding vom Barfüsserkloster. Am 22. Januar 1348 bestätigte Bruder Franziskus in seinem und seiner Geschwister Namen, dass sie das Haus nur leibdingsweise besässen und es nach ihrer aller Tod an die Barfüsser zurückfalle. Im Steuerrodel von 1357 sind noch die von Aarau eingetragen, mit der Bemerkung, dass sie keine Steuer zahlen. Im gleichen Hause sind als Steuerzahler zwei Schwestern (Beginen) und eine Witwe ver-

18 Blick von Westen auf den Rindermarkt und den Zürichberg. Am linken Bildrand die Predigerkirche, im Mittelgrund das von Alexander Koch 1893 erbaute Hirschengraben-Schulhaus. Photo: Linck, Zürich, um 1905.

zeichnet. In den Rödeln der 1360er Jahre fehlt dieses Haus, in denjenigen der 1370er Jahre ist es als Barfüsserhaus, aber meist ohne Bewohner, aufgeführt. Zwischen 1450 und 1470 wohnten hier mehrere Frauen, die oft nur wenige Schillinge steuern mussten. 1470 war das Haus wieder unbewohnt. Dann scheint das Haus Wohnsitz eines geistlichen Herrn des Grossmünsterstiftes geworden zu sein. In der Wachtordnung von 1517 wird es Herrn von Urys Jungfrauen Haus genannt, und 1527 zahlte Herr Anselmen Jungfrau von diesem Hause den Barfüssern einen Wachszins. Schliesslich erwarb es der Schneider Hans Vitztum aus dem nach der Reformation von der Stadt übernommen geistlichen Besitz.

Zum Zeitpunkt der ältesten Erwähnung des Neumarkttores (1257), «Turicensem portam, que dicitur Novi fori», scheint der Stadtbering in diesem Bereich gestanden zu haben. Die Errichtung der einzigen mittelalterlichen Stadtmauer war ein Grossbauprojekt der Bürgerschaft, welches sich vom zweiten Viertel des 13. bis ins frühe 14. Jahrhundert hinzog. Im Jahre 1292 erlebte das Werk seine erste Bewährungsprobe. Damals belagerte Herzog Albrecht von Österreich, der älteste Sohn des 1291 verstorbenen Königs Rudolf I. von Habsburg, die Stadt Zürich. Auf jene Belagerungszeit im Mai/Juni 1292 bezieht sich auch der sagenhafte Zug der gewappneten Zürcher Frauen auf den Lindenhof.

Ein Beweis für die gewaltsame Belagerung konnte im Februar 1982 am Stadtmauerrest Seilergraben/Chorgasse archäologisch erbracht werden. Der dort noch über 3 Meter hoch im aufgeschütteten Chorgassenhügel steckende Mauerzug weist vor dem Haus Chorgasse 3 eine über 10 Meter breite Bresche auf, welche hernach mit kleinteiligerem Steinmaterial sorgfältig wieder geschlossen wurde. Die grosse Flickstelle zeigt den lagenhaften Mauercharakter noch ohne jeden Ziegeldurchschuss, wie wir diesen von Steinbauten aus der 2. Hälfte des 13. Jahrhunderts kennen. An dieser strategisch günstigen Stelle haben die herzoglichen Truppen, dies macht unser Befund deutlich, den Befestigungsring durchbrochen.

Wenig Genaues wissen wir über die jüdische Bewohnerschaft in unserem Bereich. Die Juden waren in Zürich — wie andernorts — auf obrigkeitlichen Erlass hin nicht auf eine Gasse oder einen bestimmten Bezirk eingeschränkt. Vielmehr durften sie sich in der ganzen Stadt dort niederlassen, wo sie durch Erbschaft oder Kauf eine Liegenschaft an sich bringen konnten. Dennoch lagen im 14. und frühen 15. Jahrhundert die meisten von Juden bewohnten Häuser in der grossen und kleinen Brunngasse. Die kleine Brunngasse, seit 1865 Froschaugasse, wurde im 14. Jahrhundert auch etwa Judengasse genannt. Hier im Haus Nummer 4, «Zur Judenschule/Burghof», befand sich die Synagoge. Eine zweite Synagoge war vermutlich in der Liegenschaft «Zum Judentempel» an der Marktgasse 4. Der Rat erkannte am 10. Mai 1383 in der Folge vorgekommener Rauf- und Schlaghändel: «Es sullent ouch all Juden in unser stat in ein schuol zuo einander gan, do si der burgermeister und der rat hin heisset gan und süllent sich fürbas nicht teilen noch sünderen». Diese eine Schule war nun eben bis 1423, als die Juden von der Stadt fortgewiesen wurden, diejenige im Haus Froschaugasse 4. Vor der Stadt lag der jüdische Friedhof, am Wolfbach im Bereich des Kunsthauses und Heimplatzes. 1381/82 erhielten die Juden vom Rat die weltliche und vom Bischof von Konstanz die kirchliche Erlaubnis, ihren durch Wasser verwüsteten und zerstörten Friedhof wiederum «zuo Linden vor dem Thore» (Lindentor-Turm am oberen Ende der Kirchgasse) zu erstellen. Im Grabbezirk wurde hernach wohl keine hundert Jahre mehr bestattet. 1484 nämlich wurde die Wiese vor der Mehreren Stadt, «bei dem Wolfbogen am Bach, genannt der Judenkirchhof», mit Scheune, Garten und Zubehörden von der Grossmünster-Propstei dem Bürgermeister Hans Waldmann für 100 Rheinische Gulden verpfändet.

Von dem uns hier interessierenden Quartier, flankiert von zwei Bettelordenshäusern, den überaus aktiven Predigern und den eher zurückhaltenden Barfüssern, durchsetzt mit der Samnung frommer Frauen, den Beginen und dem jüdischen Wohnbereich mit der Synagoge, soll nun ein kleiner Bezirk, *der späthöfische Kern am Übergang vom Rinder- zum Neumarkt,* herausgegriffen und näher vorgestellt werden.

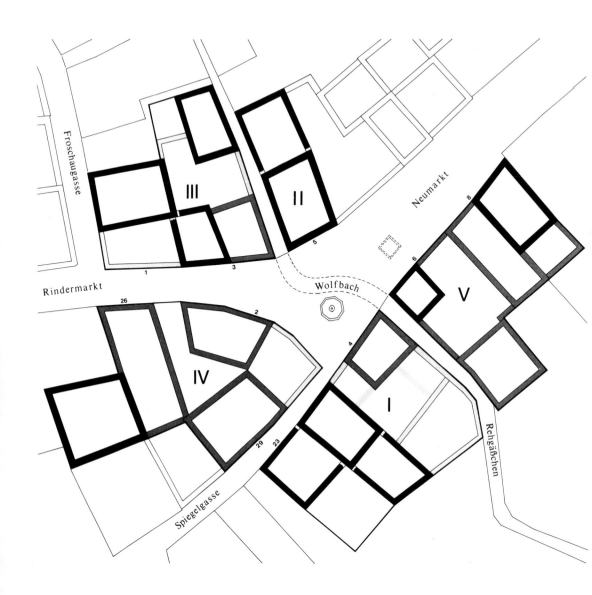

19 Grundrissentwicklung des «höfischen Kerns»: dunkler Raster = Kernbauten der ersten Hälfte des 13. Jahrhunderts; hellerer Raster = Baukörper der zweiten Hälfte des 13. Jahrhunderts; heller Raster = Anbauten 14./15. Jahrhundert.

4. Die frühen Steinbauten und ihre Entwicklung bis zur Neuzeit

Von den nachfolgend zu beschreibenden Häusern Neumarkt 1, «Neuburg»; Neumarkt 2, «(Weisse) Traube»; Neumarkt 3, «Deutsche Schule»; Neumarkt 4 (Spiegelgasse 26), «Rech»; Neumarkt 5, «Bilgeriturm» bzw. «Schuhmachern»; Neumarkt 6, «Rechberg» bzw. «Steinberg» und Neumarkt 8, «Tannenberg», sowie Spiegelgasse 29, «Grimmenturm» und Rindermarkt 26, «Langer Keller» konnten lediglich deren fünf nach monumentenarchäologischen Kriterien untersucht werden. Bei anderen sind Notizen über Beobachtungen bei Umbauten vorhanden. Der Rest ist durch unsere Begehungen und das Studium älterer Baueingaben auf die bauliche Entwicklungsgeschichte «hinterfragt» worden. Bei den einzelnen Häusern wird jeweils der von uns angetroffene Forschungsstand und die Quellenlage eingangs kurz beschrieben.

Unschätzbare Dienste erwiesen uns hier die meist von Paul Guyer verfassten Besitzer- oder Hausgeschichten, welche für viele Altstadthäuser im Baugeschichtlichen Archiv der Stadt Zürich, im «Unteren Rech» am Neumarkt 4, der Öffentlichkeit zugänglich sind.

4.1 Das Haus «Zum Rech», Neumarkt 4 / Spiegelgasse 26

Bei den monumentenarchäologischen Untersuchungen (1973 bis 1975) liessen sich sechs grössere Bauphasen ablesen. Der Kernbau datiert in die Zeit um 1200. Er erfuhr mehrere Anbauten und Aufstockungen, die dem «Rech» bereits vor 1738 ungefähr die heutigen Ausmasse gaben. Ältere Vorgängerbauten oder gar Reste einer dieser frühmittelalterlichen Hofsiedlungen fanden sich indes nicht.

Vom Haus «Zum Unteren Rech» waren bis zur Bauuntersuchung allein die spätgotische Decke und die Fensterstützen im zweiten Obergeschoss bekannt. Sie galten als zufällig erhaltene Reste einer besseren Zeit. 1937 sollte eine ganze Reihe von Altstadthäusern — darunter auch das «Rech» — der Fortsetzung der heutigen Zähringerstrasse weichen. Ausser einigen Zunfthäusern und den Hauptkirchen anerkannte man in der «fortschrittlichen» Stadt fast nichts als schutzwürdig. Während verschiedene «gesundheitsfördernde» Auskernungen, zum Beispiel an der im frühmittelalterlichen Kapitel erwähnten Leuengasse und an der Weingasse (heutiger Rosenhof), damals durchgeführt wurden, scheiterte das Projekt des Zähringerdurchstiches glücklicherweise an den schwierigen Eigentumsverhältnissen...

20 Erdgeschoss des romanischen Steinhauses, Eingangspartie. Vom späteren Verputz befreites romanisches Ährenmauerwerk mit Rundbogenfenster und nachträglich etwas nach links versetztem Portalgewände.

Die nachfolgenden monumentenarchäologischen Befunde, die kunstgeschichtlichen und die historischen Ausführungen stützen sich auf die 1979 publizierte Schrift über das Haus «Zum Rech», welche Ulrich Ruoff, Jürg Hanser, Barbara Handke und für die neuere besitzergeschichtliche Zeit Werner Zimmermann verfasst haben.

Kernbau um 1200

Bei diesem Baukörper handelt es sich um den ältesten monumentenarchäologisch gefassten und datierten Steinbau im «höfischen Kern» am Neu- und Rin-

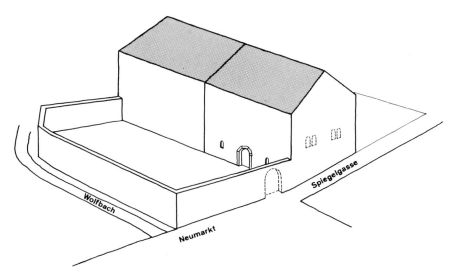

21　Neumarkt 4, romanisches Steinhaus mit ebenerdigem Keller- und einem Wohngeschoss. Der rückwärtige Anbau bestand möglicherweise aus Holz. Das ummauerte Hofareal stiess an den Wolfbach. Zeichnung: Jürg Hanser, Zürich.

dermarkt. Sein Auftraggeber bleibt uns aber unbekannt. Der Kernbau kann aufgrund seiner Rundbogenfenster im nicht unterkellerten Erdgeschoss in die Zeit um 1200 verwiesen werden. Der langrechteckige Hauskörper von 7,5 × 10,0 Meter war sorgfältig in Ährenmauerwerk (opus spicatum) errichtet und teilweise sicher drei Stockwerke hoch. Die Mauerstärke beträgt gut 0,8 Meter. In der westlichen Brandmauer zum «Oberen Rech» konnte im zweiten Stock der heutigen Liegenschaft der Abschluss des romanischen Ährenmauerwerks festgestellt werden. Die letzte Steinlage ist — als Schwellenlager (?) — so sorgfältig waagrecht verlegt, dass man an ein darübergestelltes weiteres Geschoss in Ständerbauweise denkt. Über die Dachkonstruktion dieses festen Hauses können wir nur Vermutungen anstellen.

Das Erdgeschoss weist in seiner hofseitigen Ostwand ursprünglich eingemittet eine Rundbogentüre auf. Links und rechts davon angeordnet bringen zwei gedrungene Rundbogenfenster Licht in den über drei Meter hohen, wohl als Lager genutzten Keller. Dass der Raum diese Funktion noch später gehabt hat, machen die seitlichen Erweiterungen beim Türgewände deutlich, welche jünger ausgehauen wurden, um bauchige Fässer in den dahinterliegenden Keller schieben zu können. Diesen Zeugen des ältesten Baus begegnet man heute wie damals in der Wand rechts hinter dem Eingang.

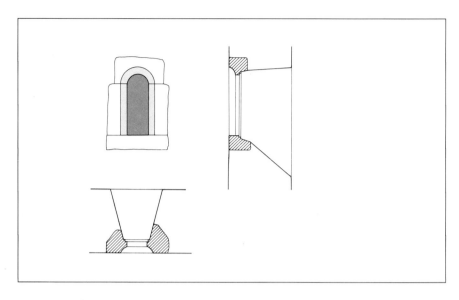

22 Neumarkt 4, Rundbogenfester im ebenerdigen Erdgeschoss des romanischen Steinhauses, um 1200. Die lichte Breite beträgt 28 Zentimeter und die Höhe 75 Zentimeter.

In das darüberliegende Stockwerk führte zweifellos ein Hochportal, von welchem wir allerdings keine Spuren mehr finden konnten. Das noch in situ gefundene Fragment eines romanischen Fenstergewändes — Rundstab mit Würfelbasis — im gassenseitigen zweiten Obergeschoss macht deutlich, dass der «piano nobile» von gekuppelten Rundbogenfenstern, sogenannten Biforen, belichtet war. Möglicherweise nahm ein hölzerner Aufbau auf der Gartenseite gegen das spätere Franziskanerkloster die ganze Breite des Kernbaus ein. In der jüngeren Wand gegen das heutige Rehgässchen, wo der Wolfbach damals offen floss, fand sich ein Rest von Ährenmauerwerk. Er gehörte wohl zu einer Hofmauer, die das ganze später überbaute Areal umschlossen haben könnte.

An- und Erweiterungsbauten / Zweite Hälfte des 13. Jahrhunderts

In der frühen zweiten Hälfte des 13. Jahrhunderts erhielt das feste Haus einen westlichen Nachbarn und griff wenig später selber mit einem Erweiterungsbau gegen Süden. Damals standen ihm gegenüber bereits der gedrungene «Bilgeriturm» und die drei freistehenden Steinhäuser im Umfeld der späteren «Deutschen Schule». Auf der anderen Seite des Bachs erhob sich der gassenseitige Kernbau des «Rechberg» bzw. des späteren «Steinberg», Neumarkt 6.

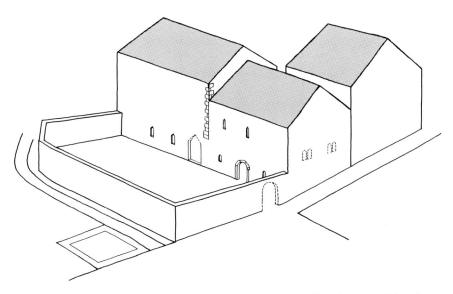

23 Neumarkt 4, Erweiterungsbauten in der zweiten Hälfte des 13. Jahrhunderts: Gleichbleibender Kernbau mit bergseitigem Anbau des «Oberen Rech», hofseitig entstand ein Neubau anstelle des vermuteten Vorgängers aus Holz. Zeichnung: Jürg Hanser, Zürich.

An den im Bauvolumen gleichbleibenden Kern wurde bergseitig ein kleinerer steinerner Anbau angefügt, das heutige «Obere Rech». Über seine Höhe kann nichts ausgesagt werden. Von dessen Südostecke, welche auf die Mauerkrone des romanischen Ährenmauerwerks des festen Hauses aufsetzt, haben sich fünf schwach bossierte Läufer-/Bindersteine erhalten. Sechs Jahre später entdeckten wir dann anlässlich einer Aussenrenovation noch die andere hintere Gebäudeecke. Elemente, die eine schärfere Datierung erlaubten, gab es damals leider an diesem Erweiterungs- oder Nachbarsbau nicht zu beobachten. Die Art und Weise wie dieses obere Haus an den älteren unteren Bau anlehnt, bzw. mit seiner Ostwand auf denselben aufsitzt, lässt vermuten, dass alles zum selben Besitz gehört haben könnte. Sicher ist dies indes nicht, fanden sich für diese frühe Zeit doch noch keine Verbindungstüren durch die gemeinsame Brandmauer.

Der gartenseitige Holzbau des festen Hauses weicht nicht gleichzeitig mit dem Anbau des «Oberen Rech» einem steinernen Annex. Der Baukörper sitzt mit seiner gassenseitigen Front auf die hintere Erdgeschossmauer des bestehenden auf und lehnt an den südöstlichen Eckverband des bergseitigen «Rechs». Der gegen den Hof zu mehr oder weniger ebenerdige Kellerraum war durch zwei Lichtschlitze spärlich erhellt. Die Nischen dieser Lichter konnten auf der Innenseite der Mauer festgestellt und von späteren Ausmauerungen befreit werden. Vom Kellereingang hatte sich nur noch die untere Partie des Gewändes, glücklicherweise aber mit dem Hohlraum für den zugehörigen Sperrbalken, erhalten. Dieser Hohlraum führte bis ins Originalmauerwerk der Nische des ersten Fensterschlitzes und ist damit sicher gleichzeitig entstanden. Der gartenseitige Erweiterungsbau muss das ältere Vorderhaus überragt haben — mindestens was den noch feststellbaren, mit Eckverbänden ausgezeichneten steinernen Teil betrifft. Der obere Abschluss lag ungefähr in halber Höhe des heutigen zweiten Obergeschosses, dort nämlich, wo sich die Trennwand zwischen hinterem und vorderem Zimmer und die gartenseitige Mauer ganz deutlich verjüngen. Die gleiche Höhe erreichte die Kante mit den Eckquadern, die wir in der hofseitigen Wand beobachtet haben. Trotzdem ist nicht anzunehmen, dass dieses Gebäude zwei Obergeschosse besass. Ein recht hoher, ebenerdiger Keller — als Lagerraum und Remise — ist bei festen Häusern nichts Aussergewöhnliches. Ein direkter Hinweis auf die später geänderten Stockwerkhöhen ergibt sich daraus, dass der Boden des zweiten Geschosses durch den oberen Teil eines ehemaligen hofseitigen Fensters oder einer Türöffnung durchzieht.

Turm- und Erweiterungsbau um 1300

Im letzten Drittel oder Viertel des 13. Jahrhunderts «versteinerte» der höfische Kern sehr rasch. Die festen Häuser der «Deutschen Schule» wuchsen zusammen und griffen weiter aus, der «Grimmenturm» schoss in die Höhe und zog Anbauten nach sich, und der «Bilgeriturm» hielt in diesem Wettstreit repräsentativer Bürgerbauten mit und wurde aufgestockt. Schliesslich errichtete jenseits des Baches die Familie Bilgeri als Besitzer des vorderen «Rechberg» ein hinteres Steinhaus dazu und markierte damit die gartenseitige Flucht zum fertiggestellten Barfüsserkloster hin.

Im «Unteren Rech» griff die Versteinerung auf den ummauerten Hofbereich über und ersetzte im vorderen Areal vielleicht einen Vorgängerbau aus Holz. Zwischen dieser und der vorangegangenen Bauphase lag kaum die Zeitspanne einer Generation. Spätestens um 1300 wurde in der erwähnten Nordostecke ein turmartiges Gebäude von 7 × 8 Meter Grundfläche errichtet, welches das Gesamtbild des Baukomplexes wesentlich veränderte. Die Mauerstärke beträgt gut 0,9 Meter. Über dem Wolfbach führte ein Hocheingang in das erste Obergeschoss des dreistöckigen Gebäudes. Dieses Stockwerk wurde zur Gasse durch zwei gekuppelte Spitzbogenfensterpaare belichtet — eine Fensterform, die im zürcherischen Steinbau des späteren 13. und frühen 14. Jahrhunderts geradezu ein Leitfossil darstellt.

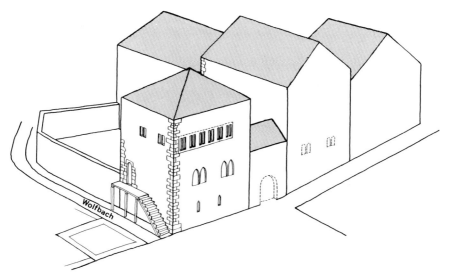

24 Neumarkt 4, turmartiger Bau und weitere Erweiterungsbauten im späten 13. Jahrhundert: Das romanische Steinhaus wurde erhöht und in der Nordostecke ein dreigeschossiger turmartiger Wohnbau errichtet, welcher durch einen Hocheingang über dem Wolfbach erschlossen wurde. Zeichnung: Jürg Hanser, Zürich.

Die zum grossen Teil zurückgearbeiteten Bossenquader mit den weichen Buckeln haben sich an der nordöstlichen gassenseitigen Ecke beim Bach auf der ganzen Höhe erhalten. Die bachseitige rückwärtige, heute in der Gebäudeflucht liegende Kante war wenigstens anhand der entsprechenden Quader im Bereich des ersten Obergeschosses sicher festzustellen. Im Verband mit diesen Eckquadern steht hier das Gewände des romanischen Hochportals. Gegen den Neumarkt öffnete sich noch um 1750 das erste Obergeschoss mit zwei Paaren gekuppelter Spitzbogenfenster, wie uns der damals entstandene Stich des «Panners im Neumarkt» von J.C. Uehlinger zeigt. Das zweite Obergeschoss wies eine Reihe von sechs Fensterpaaren auf. Sie waren ungefähr so breit wie die heutigen, sicher aber weniger hoch. Das Fragment eines Gewändes im Verband mit den schon erwähnten nordöstlichen Eckquadern sowie die Fensterbänke sind trotz der späteren Umbauten im Mauerwerk verblieben. Die zeichnerische Rekonstruktion von Rechtecköffnungen ist nicht gesichert, sondern nur in Analogie zu den doppelten Pfostenfenstern vorgenommen worden, die in der Wand gegen das Rehgässchen zum Vorschein kamen. Von einem zweiten solchen Paar auf derselben Seite blieben übrigens wiederum im Verband mit den Eckquadern ein Teil des rechten Gewändes und die Bank erhalten.

25 Neumarkt 4, Lichtschlitz im Erdgeschoss des turmartigen Wohnbaus des späten 13. Jahrhunderts.

Endlich sind von diesem Bau noch zwei Lichtschlitze zu erwähnen. Der eine in der Mitte der hinteren Erdgeschossmauer, das heisst im heutigen Ausstellungsraum, ist wieder geöffnet und der fehlende giebelförmige obere Abschluss rekonstruiert worden. Die erhaltene linke Fensterleibung und die manieristische Malerei des frühen 17. Jahrhunderts bei der jetzigen Türe des Eckzimmers im ersten Obergeschoss beweisen, dass dort ebenfalls bis in neuere Zeit nur ein schmales Licht vorhanden war. Es wurde erst spät durch den Ausbruch des rechts anschliessenden Mauerwerks zu einem Durchgang erweitert.

Die Erhöhung des romanischen Baukörpers um ein Geschoss dürfte gleichzeitig mit der Errichtung des turmartigen Gebäudes im Winkel von Neumarkt und Wolfbach bzw. Rehgässchen erfolgt sein. Die neuen Quader der hinteren, hofseitigen Ecke überlagern den vorderen Eckverband des gartenseitigen Trakts. Unmittelbar neben der Ecke des aufgestockten Teils wurden zwei gekuppelte Spitzbogenfenster eingebaut. Eines der Fenster und die Stichbogennische blieben bis zur jüngsten Renovation erhalten, mussten dann aber dem Lifteinbau geopfert werden. Der übrige Teil der hofseitigen und fast die ganze gassenseitige Front dieses Geschosses wurden schon bei Umbauten im 16. Jahrhundert entfernt oder ersetzt. Die Bossenquader der betreffenden Ecke haben sich jedoch als Abdruck im Mörtel eines später eingefügten Bauteils abgezeichnet. Ein Zwischentrakt schloss wohl die Baulücke an der Gassenfront. Das Bauvolumen der berg- und hofseitigen Annexe blieb unverändert. Unklar ist die Zuordnung der Fundamentmauer eines Baukörpers im ummauerten Hofbezirk.

Hofseitiger Flügelbau 14./15. Jahrhundert

Im Spätmittelalter hat man die Kleinbauten an der Hofmauer durch einen Flügel ersetzt und das Bauvolumen entscheidend erhöht. Die etwas unruhig wirkenden Bossenquader an der hinteren Gebäudeecke steigen bis auf die Höhe der gassenseitigen Steinbauten. Zum Wolfbach bestand indes immer noch eine Lücke, die durch hölzerne Laubengänge vom gotischen Turmbau zum hofseitigen Flügelbau überbrückt worden ist. Eine Urkunde aus dem Jahre 1397, laut der man damals den Zugang vom Haus in den unteren Garten aufheben musste, ist ein kleines Indiz dafür, dass der fragliche Flügel bereits stand. Die Urkunde nennt eine Treppe, ein «Brüggli» und eine Tür, die aus dem Haus führen. Dies ist allerdings eine etwas aufwendige Konstruktion für einen Garten hinter einer einfachen Hofmauer, entspricht indes dem Gartenzugang, wie er noch auf dem Müllerplan von 1788 bis 1793 zu finden ist.

Über die mittelalterliche Ausstattung des Hauses «Zum Unteren Rech» können wir uns kein Bild machen. Mit Ausnahme einiger fragmentarisch erhaltener roter Quadermalereien sind keine Spuren überliefert, die Schlüsse auf grössere Dekorationen erlauben würden.

Die im Mittelalter beliebte Quadermalerei — sie galt als Symbol des Wohnens in steinernen Häusern — reicht beim Profanbau ins 13. Jahrhundert zurück. Bei Kirchenbauten lässt sie sich seit dem 11. Jahrhundert fassen. Die durch Fugenbemalung imitierten Quader sind hälftig versetzt und spiegeln so aus regelmässigen Hausteinen aufgeführtes Mauerwerk vor, während die Mauern in Wirklichkeit aus verputzten Bollen- und Bruchsteinen gefügt waren. Zuweilen tragen diese «Steine» auf verschiedenen Grundfarben ornamentalen und figürlichen Maldekor. Diese Technik der im Spätmittelalter als vornehm geltenden «Opussectile»-Malerei geht letzlich auf antikes Erbe zurück.

Ein ausgesprochen schönes Beispiel dieser Malerei konnten wir 1976 im gassenseitigen Steinhaus der gegenüberliegenden Brunschen Liegenschaft am Neumarkt 3 freilegen und konservieren (vgl. dazu Kapitel 4.3).

Das «Rech» als Sitz wohlhabender Bürger

Die früheste sichere Nachricht über die Bewohner des «Rech» ist ein Eintrag im ältesten erhaltenen Steuerbuch der Stadt aus dem Jahre 1357. «Herr Gottfried von Hünaberg» hatte damals 35 Pfund zu entrichten. Ritter Gottfried IV. stammte aus der Linie von St. Andreas (bei Cham), die im Gebiet von Lorze und Reuss bis hin nach Merenschwand Besitz hatte. Seit wann er in Zürich wohnte, wissen wir nicht genau. In den Jahren 1355 bis 1362 und 1369 bis 1370 sass er als Vertreter der Constaffel im Rat. Wer vor dem Hünenberger im «Rech» wohnte, ist nicht bekannt.

Der Eintrag im Jahre 1370 weist noch immer Gottfried IV. von Hünenberg, das nächste Verzeichnis von 1373 aber «Stork» als Besitzer aus. Peter, genannt Stork, von Hünenberg, ist der Schwiegersohn von Gottfried IV. Laut den Steuerrödeln von 1366, 1369 und 1371 wohnte er mit seinem Bruder Gottfried V. im späteren Haus «Zum Widder» an der Ecke Rennweg 1/Widdergasse. 1372 scheint er bereits ins «Rech» gezogen zu sein. Im vorhergehenden Jahr war Gottfrieds IV. Gemahlin, Margarete von Fridingen, gestorben und im Kloster Kappel bestattet worden. Wo nun der Witwer lebte, ist nicht bekannt. 1383 hält er sich sehr krank im gleichen Kloster auf, wo seine Frau beerdigt war; 1387 ist auch er tot.

Ritter Gottfried IV. erlebte die grossen Auseinandersetzungen zwischen der werdenden Eidgenossenschaft und Österreich. Vielleicht war er bei der Aufnahme Zürichs in den Bund 1351 bereits hier ansässig. Er scheint im Gegensatz zu manchen anderen Gliedern seiner Familie auf eidgenössischer Seite gestanden zu haben. Das war vermutlich der Grund, warum er, in finanzielle Nöte geraten, St. Andreas an Habsburg verkaufen musste. Sein Schwiegersohn und Nachfolger im «Rech» entspross der Linie der Hünenberg von Arth und trug — wie gesagt — den Beinamen Storch. Seine Frau Adelheid war wohl im «Rech» aufgewachsen. Ritter Peter der Storch sass als Constaffler von 1368 bis 1388 im Rat. Er diente der Stadt auch als Hofrichter. Es gab nur wenige Land- oder Hofgerichte

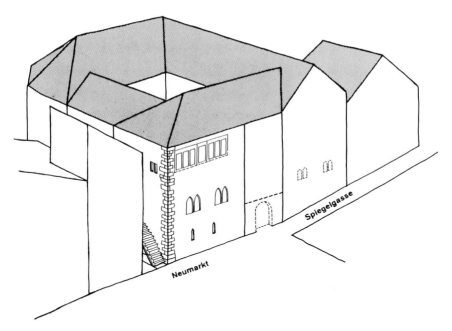

26 Neumarkt 4, Erweiterungsbauten im 14./15. Jahrhundert: Der ummauerte Hofbezirk wurde durch den gartenseitigen Flügel zum geschlossenen Innenhof. Der Turmanbau erhielt 1497 eine neue Befensterung und wurde mit dem alten bergseitigen Steinhaus baulich «verhängt». Zeichnung: Jürg Hanser, Zürich.

in Südwestdeutschland, wobei in Zürich nach dem Vorbild von Rottweil geamtet wurde.

Nach dem Tode Peters von Hünenberg im Jahre 1389 konnte offenbar seine Witwe das kleine sogenannte «Obere Rech» und die Gärten hinter dem Haus als Leibgeding behalten. Wann diese beiden Liegenschaften in eine Hand gekommen sind, wissen wir nicht. Möglich ist aber, dass sie seit Anbeginn zum selben Besitz gehört haben. 1397 kam es dann zu einem Streit mit den Barfüssern, die offenbar auch Rechte am «Rech» erworben oder geschenkt bekommen hatten. Das «Untere Rech» erscheint in der betreffenden Urkunde als Besitz von Wilbergs Kindern, die aber an der Niederdorfstrasse 3 zu Hause waren. Ein Jahr zuvor hatten sie von Gottfried V. von Hünenberg das Gut Wiesenbühl am Zürichsee erworben, was auf nähere Beziehungen zur früheren Besitzerfamilie des «Rech» hinweist. Der Streit von 1387 wurde so geschlichtet, dass die Barfüsser sofort das «Obere Rech» und den unteren Garten übernahmen, Witwe Adelheid aber den oberen Garten als Leibgeding weiterhin behielt. Die Zugänge aus den beiden Häusern in die Gärten sollten verschlagen bzw. abgebrochen werden.

Von 1401 an ist Claus Hemmerli vom Zürichberg als Besitzer des «Unteren Rech» nachzuweisen. Wir kennen ihn als Rat in den Jahren 1392 bis 1416 und als Inhaber von verschiedenen hohen Ämtern. So war er zum Beispiel 1399 Vogt zu Höngg und 1420 Weibel des Chorherrenstifts in Fluntern. Auch er stand wohl in näherer Beziehung zu den Hünenberg, trat er doch 1412 als Vogt der Anna von Büttikon-Hünenberg, einer Nichte Adelheids von Hünenberg, auf. Zur Zeit Hemmerlis beherbergte das Barfüsser-Haus, das heisst das kleine «Obere Rech», zunächst einen Maurer namens von Grünenberg und dann eine Grünenbergerin — wohl seine verwitwete Frau — sowie zwei weitere Frauen. Kurz vor 1420 zog Frau Margreta Eggrich mit ihrer Tochter Anna hierher. Sie waren eine Familie, die sich 1403 in Zürich eingebürgert hatte. Die Eggrich kauften damals Häuser im Areal Seilergraben 1 — Chorgasse 2, die später von Annas Bruder, Bartlome Eggrich, allein übernommen wurden. Die Mutter Margreta und Anna scheinen damals an die Kirchgass 25 und erst von jenem Haus ins «Obere Rech» umgesiedelt zu sein. Anna war übrigens auch verwitwet, denn ein Eintrag im Stadtbuch von 1414 nennt sie noch «Studlerin». Mag sein, dass die Übernahme des «Oberen Rech» in Zusammenhang mit einem Verhältnis Annas zu einem Verwandten der dort zuletzt noch wohnenden Grünenbergerin steht, das dann später zur zweiten Heirat führte. Zuvor aber gelang es den beiden Frauen, zu ihrem eigenen oberen Haus noch als Leibgeding das «Untere Rech» hinzuzukaufen. Dies stand damals im Besitz der Barfüsser. Interessant ist die Bestimmung im Kaufvertrag, dass es Margreta und Anna Eggrich gestattet sein soll, auf der niedersten Laube an ihrem oberen Haus die drei früher vermachten Läden wieder zu öffnen, eine Treppe in den Barfüssergarten zu führen und das Wegrecht in den eigenen Garten zu geniessen. Alles musste jedoch nach dem Ableben der beiden sofort rückgängig gemacht werden.

Wir dürfen uns also am «Oberen Rech» einen Holzanbau mit mehreren Böden vorstellen. Ferner ist die nur zögernde Zulassung von niederen Fenstern gegen den Garten der Barfüsser ein Hinweis darauf, dass es sich um einen von den Mönchen direkt bebauten Garten handelte. Zeugnisse von einem blutigen Streithandel von 1431 im Keller des «Rech» zeigen uns übrigens, dass die eine Eggrichin Wein verkaufte, und das Steuerbuch von 1444 nennt uns erstmals den Hausnamen «Rehböcklein». Zehn Jahre später fand eine Auseinandersetzung um das Erbe Annas statt. Die Parteien waren Annas Kinder — vertreten durch ihren

Vater Ulrich Grünenberg — und Annas Bruder, Bartlome Eggrich. Die Kinder Grünenbergs erhielten die Rechte am «Unteren Rech» zugesprochen, mussten sie aber bereits 1457 zwangsweise veräussern. Die Barfüsser ersteigerten diese Rechte am Haus um eine geringe Summe. Schon 1455 lebte laut Steuerbuch nur noch ein «alt Bosshart» im «Rech».

Das Kloster veräusserte seine Häuser darauf gemeinsam an Heinrich Röist, der nachweislich seit 1461 im «Rech» steuert. Heinrich Röist (†1509), sein Sohn Marx (1454-1524) und dessen Sohn Diethelm (1482-1544) waren die bedeutendsten Bewohner des Hauses und zählten zu den einflussreichsten Familien ihrer Zeit. Alle drei Genannten erlangten ausser anderen wichtigen Ämtern für längere Perioden den Bürgermeistersitz; Heinrich mit Unterbrüchen zwischen 1469 und 1501, Marx zwischen 1505 und seinem Tod 1524 und Diethelm schliesslich zwischen 1524 und 1544. Für Heinrich Röists politische Gewandtheit zeugt die Tatsache, dass er es verstand, über die schwierige Zeit seines Mitbürgermeisters Hans Waldmann hinaus in entscheidenden politischen Stellungen zu bleiben und später sogar nochmals Bürgermeister zu werden. Marx Röist, schon in jungen Jahren in Murten zum Ritter geschlagen, ist bekannt als Hauptmann der Schweizer 1515 bei Marignano. Wie sehr er im Ausland als Staatsmann geachtet war, zeigt der Wunsch Papst Leos X., Marx Röist als Gardekommandant zu bekommen. Röist willigte nur unter der Bedingung ein, dass ihn nach kürzester Zeit ein Sohn vertreten könne. Kaspar Röist war dazu ausersehen. Die — nicht zuletzt innerlichen — Schwierigkeiten, die sich dabei für ihn ergaben, sind nicht zu übersehen, denn in Zürich förderten sein Vater und der Bruder Diethelm die Reformation. Der Vater leitete noch 1523 als Bürgermeister die erste Zürcher Disputation. Noch entschiedener wirkte Diethelm für den neuen Glauben, musste aber auch als Bürgermeister die Niederlage von 1531 bei Kappel erleben und die Folgen meistern. Der letzte Röist im «Rech» war Diethelms Sohn Jakob (1523-1573). Obwohl erfolgreich, gelangte er doch nicht mehr wie Urgrossvater, Grossvater und Vater zum Bürgermeisteramt.

Um- und Erweiterungsbauten im 15. und in der ersten Hälfte des 16. Jahrhunderts

1497 wurde das zweite Obergeschoss des gassenseitigen turmartigen Gebäudes völlig umgestaltet und ein Zimmer reich ausgestattet. Gegen den Neumarkt liess der Bauherr, der spätere Bürgermeister Marx Röist, sieben neue Rechteckfenster einsetzen und an der mittleren, von gotischen Fensterstützen flankierten Öffnung einen Fenstererker anbringen. Da der Raum auf den Innenseiten nur Holzwände hatte und geringere Dimensionen als die darunterliegenden, völlig

27 Neumarkt 4, 1497 neu eingerichtetes Turmzimmer. Das Erbauungsjahr steht auf den kunstvoll gearbeiteten Fensterpfeilern. Die spätgotische Holzdecke ist mit Schnitzereien an den Balkenenden verziert.

ummauerten Geschosse aufwies, müssen neben dem gotischen Zimmer bereits weitere Zimmer oder wenigstens Lauben bestanden haben. Entweder schlossen diese die zwischen dem turmartigen Haus und dem winkelförmigen Gebäudekomplex noch vorhandenen Lücken oder stockten, was eher wahrscheinlich ist, den bereits vorhandenen Zwischentrakt auf. Lauben auf der Gartenseite des «Oberen Rech» nennt schon eine Urkunde von 1424. Die älteste vollständige Raumausstattung besitzt eine reichgeschnitzte flache Holzdecke. Auf den abgefasten Balken wachsen Rundstäbe aus gerollten Blättern oder profilierten kleinen Sockeln heraus. Die Köpfe der Balken tragen verschiedene gerahmte Rosetten. Farbig gefasste Wappen des Hauseigentümers und seiner beiden Gemahlinnen Barbara Schad (†1493) und Dorothea Göldli (†1525) zeichnen — fast wie Schlusssteine ein Gewölbe — die Deckenmitte aus. Die Balkendecke des «Unteren Rech» ist ein eigenständiger Vertreter jener spätgotischen Raumabschlüsse, die in Bürger- und Zunfthäusern Zürichs, in der deutschen Schweiz und im

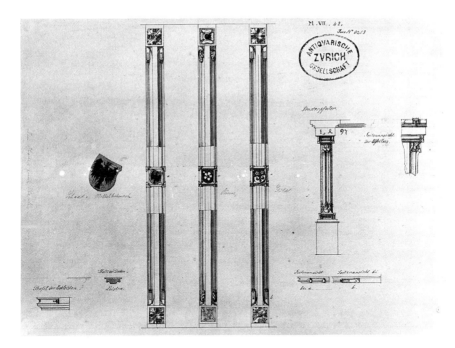

28 Mittlere Deckenbalken und einer der Fensterpfeiler vom gotischen Zimmer im 2. Stock. In der Mitte das Wappen des Besitzers Marx Röist, links dasjenige seiner ersten Frau, Barbara Schad, und rechts das Wappen der zweiten Frau, Dorothea Göldli. Über dem Fensterpfeiler das Datum 1497. Zeichnung von Ludwig Pfyffer aus der Sammlung der Antiquarischen Gesellschaft, Zürich.

Bodenseegebiet recht beliebt waren. Neben Decken mit einfach gekehlten Holzleisten (Kirchgasse 13) sind Beispiele zerbrechlicher Masswerkverzierungen, feiner Rosetten-, Ast-, Blatt- oder Pfeilmotive auf den Balkenköpfen erhalten (Helfensteinzimmer aus dem Fraumünsteramtshaus, 1489, heute im Landesmuseum; Zunfthaus zum Rüden, 1500; St. Peterhofstatt 2; Neustadtgasse 7; Schipfe 47; Strehlgasse 16; Römergasse 2; Napfgasse 6; Limmatquai 50; beide 1545). Oft gehören Wandtäfer mit Flachschnitzereien zum Inventar eines gepflegten spätgotischen Raums, fast immer bereichert eine sorgfältig behauene Fensterstütze die Ausstattung.

Im spätgotischen Zimmer des «Unteren Rech» ist die Wand zum Neumarkt vollständig befenstert. Die Mitte der Wand wird von einem Fenstererker zwischen zwei Fensterpfeilern betont. Bei der Restaurierung hat man das zeitweise vermauerte mittlere Fassadenstück mit grösserer Breite wieder geöffnet und den Erker nach Bilddokumenten des 18. Jahrhunderts rekonstruiert. Die Fenster-

29 Neumarkt 4, Blick von Süden in den geschlossenen Lichthof, welcher durch den spätgotischen Spitzbogendurchgang von 1534 erschlossen wird. Die Fenster der vorderen Lichthofwand sind mit Dekorationsmalereien von 1534 und 1574 ausgezeichnet (vgl. Abb. 31).

stützen bestehen aus tief gekehltem Schaft, aus Basis und Kapitell mit sich durchdringenden Stäben. Auf der Stirnseite des Kämpfers sind die (Jahr-)Zahlen 14 und 97 eingemeisselt. Der an seinem Zeichen fassbare Steinmetz hat es verstanden, wenige Verzierungen grosszügig und mit technischer Perfektion einzusetzen. Er braucht die verspielte Ornamentik noch nicht, die so viele etwas jüngere Fensterstützen netzartig überzieht.

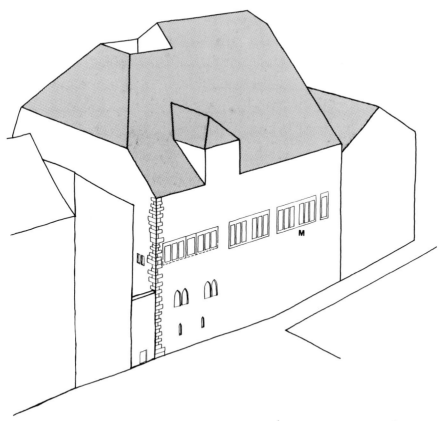

30 Neumarkt 4, geschlossener Baukomplex im späten 16./frühen 17. Jahrhundert. Beim Saalbau um 1574 wurde die Fensterfront (M) verändert (vgl. Abb. 32). Der Baukomplex des «Oberen Rech» wurde erhöht, beziehungsweise zum Garten hin erweitert. Zeichnung: Jürg Hanser, Zürich.

Der grosse Spitzbogendurchgang in der strassenseitigen Lichthofwand, die Fenstersäule im strassenseitigen Mittelzimmer im zweiten Stock und die äussere Seite des Sturzes vom mittleren Fenster desselben Zimmers tragen die Jahrzahl 1534. Offensichtlich fanden damals bedeutende Umbauten statt. Die Vorderfassade wurde nun, soweit sie dies nicht schon vorher war, einheitlich mit Mauerwerk geschlossen. Der Lichthof erhielt durch die Wand mit der ersten Schicht von Grisailledekorationen um die Korbbogenfenster ein vornehmes Aussehen.

Das von Diethelm Röist im zweiten Obergeschoss eingerichtete Mittelzimmer und der darunterliegende Raum im ersten Stock waren vermutlich grosse, bis zur neuen Lichthofwand offene Flure. Hier könnten sich übrigens auch die heutigen Treppenaufgänge befunden haben, denn sicher bestanden die jetzigen Treppen-

31 Vordere Lichthofwand mit Dekorationsmalerei 1574. Diese ist auf eine Kalktünche aufgetragen, welche die ältere Fassung von 1534 überdeckt (vgl. Abb. 29).

podeste damals noch nicht, sondern wohl nur ein oder zwei schmale Laubengänge, die den hinteren und vorderen Flügel miteinander verbanden. Wir kommen zu dieser Ansicht, weil der sicher noch von 1534 stammende Rundbogendurchgang des zweiten Obergeschosses relativ eng und ganz in die Ecke gerückt ist. Die Malereien der ersten Schicht beweisen, das sich auch im ersten Obergeschoss an derselben Stelle eine Türöffnung befunden haben muss. Anders ist die symmetrische Darstellung von Delphinen links neben dem bestehenden Fenster nicht zu erklären. Die den jetzigen Treppen gegenüberliegende Wand des Innenhofes stammt erst aus dem 17. Jahrhundert. Von den Vorgängerbauten an dieser Stelle wird bei der Beschreibung der nächsten Erneuerungsphase noch die Rede sein. Schon seit dem 15. Jahrhundert sind «Unteres und Oberes Rech» erneut in gleicher Besitzerhand. Ein Türgewände in der Brandmauer des strassenseitigen Eckzimmers des zweiten Obergeschosses trägt das Datum 1525.

Fassen wir zusammen:

1534 wurde die gassenseitige Fassade einheitlich mit Mauerwerk geschlossen. Die Räume im zweiten Stock des Mittelteils und des bergseitigen Altbaus erhielten ihr Licht durch «moderne» Kreuzstockfenster. Im neugeschaffenen Binnen- bzw. Lichthof gab Bürgermeister Diethelm Röist Grisaillemalereien in Auftrag. Gehänge, Girlanden und Scheinarchitekturen ziehen sich über die vordere Lichthofwand und begleiten die Fenstergewände und Zwischenräume. Verwandte Architekturmalereien der Renaissance finden sich auch im Mittelzimmer des zweiten Stockes auf der Gassenseite. Der spätgotische Fensterpfeiler dieses Raumes trägt die Wappen von Diethelm Röist und seiner Gemahlin Küngolt Byss sowie die Jahrzahl 1534. Spätestens damals wurde der Hocheingang über dem Wolfbach, welcher seit der zweiten Hälfte des 13. Jahrhunderts ins turmartige Steinhaus geführt hat, zugemauert.

Mit der Jahrzahl 1534 verbinden sich im Haus Neumarkt 4 erste Zeugen eines neuen Zeitgeistes. Malereien auf Wandflächen von Lichthof und Räumen des zweiten Obergeschosses sprechen die Sprache der Renaissance. Ein selbstbewusstes Repräsentationsbedürfnis meldet sich zu Wort. Schon das Zimmer des Marx Röist trägt Züge eines verfeinerten, anspruchsvollen Geschmacks. Dennoch wirkt dieser spätgotische Raum intim und wohnlich, gemessen an der künstlerischen Ausstattung, die Diethelm Röist seinem der Stube des Vaters unmittelbar benachbarten Zimmer gibt. Kühle Graumalerei, illusionistische Architekturen, erstarrte Gehänge schaffen eine zurückhaltend-festliche Atmosphäre.

Nicht nur der Motivschatz ist neu, auch das ästhetische Empfinden ist grundlegend verändert. Die Kunst der Renaissance versucht, Wandflächen systematisch zu gliedern; so werden zum Beispiel Fensterzwischenräume zur Dekoration genutzt. Die Idee der Betonung einzelner Bauteile lässt sich in fensterbegleitenden Malereien verwirklichen, und für das Ziel, ein statisches Gefüge in die Dekorationen zu bringen, drängt sich die Architekturmalerei geradezu auf. Durch eine straffe Gliederung soll die wuchernde Ornamentik der Spätgotik überwunden werden. Das wird im Eckzimmer Neumarkt/Brandmauer des zweiten Obergeschosses sehr schön sichtbar, wo lebhafte Gehänge zwischen eine Säulenfolge eingespannt sind. Die auf einen (später übermalten) Quadersockel gestellten Säulen lösen die Wandfläche auf und bilden eine Loggia. Dieses südländisch inspirierte Architekturmotiv ist hier sinnvoll eingesetzt, da seit 1525 in der gleichen Wand ein Durchgang zum «Oberen Rech» besteht. An Schnüren aufgehängte Pflanzenteile, Blatt- und Blütenkelche, verraten, obwohl sie teilweise symmetrisch aufeinander bezogen sind, ihre Entwicklung aus spätgotischem Rankenwerk. Man spürt die Herkunft am «horror vacui», jener Furcht vor weissen Flächen, die eine allseitige Bemalung des Raums schön findet, man spürt's am Kolorit in kräftigen Gelb-, Grün-, Braun- und Rottönen, das den an sich zerbrechlich wirkenden Säulen und den Pflanzenornamenten rustikalen Anstrich verleiht.

Viel zurückhaltender geben sich die Grisaillen im Zimmer des Diethelm Röist (gassenseitiges Mittelzimmer / 2. Stock) und im Lichthof. Im Sinn der Renaissance ist die Fülle gebändigt und macht sich eine Vorliebe für klar begrenzte Dekorationselemente bemerkbar. Girlanden werden mit metallischen Teilen, Kugeln, Schildern bestückt, auf der Lichthofrückwand erkennt man eine Schale mit Flammen. Neben starren Metallgehängen überraschen ausserordentlich naturalistisch gezeichnete Delphinköpfe, die aus Blattkelchen herauswachsen. Die groteske Verbindung von Pflanzlichem und Tierischem (oder Menschlichem) gehört typisch ins Formengut der Renaissance.

Hinter den Motiven stehen letztlich italienische Vorbilder, steht die Dekorationskunst des späten Quattrocento in der Lombardei und in Venedig. Auf Andrea Mantegna (1432–1506) und seinen Kreis deuten die zottigen Blattgirlanden mit flatternden Bändern, die feingliedrige Architektur, die Delphine... Unitalienisch aber ist die Art, wie die Motive gemalt sind. Sie verweist auf eine Umsetzung augsburgischer Prägung. Der Augsburger Kulturraum hat im zweiten Jahrzehnt des 16. Jahrhunderts durch intensiven Austausch von Künstlern, Kultur- und Handelsgütern mit Italien wesentlich dazu beigetragen, die italienische Renaissance dem Norden zu vermitteln und einen recht eigenständigen deutschen Stil herauszubilden. Auf dem Gebiet der Architekturmalerei haben Hans Burgkmair (1473—1531), später Hans Holbein der Jüngere (1497—1543) Hervorragendes geleistet; für die Ornamentik sind ebenfalls Hans Holbein und sein älterer Bruder Ambrosius (1494—1519) zu erwähnen.

Die Bauten von 1574

Die Handänderung des «Rech» von den Röist an die Escher vom Luchs führte über verschiedene Schritte zu grossen baulichen Eingriffen.

Die Allianzwappen von Junker Johannes Escher vom Luchs (1540—1628) und seiner Frau Verena Wirz mit dem Datum 1574 auf der Lichthofwand zeigen, dass er fortan Besitzer des «Rech» war. Die Verwandtschaft mit den Röist — seine Grossmutter Elsbeth Röist war die Tochter von Bürgermeister Marx — dürfte bei diesem Wechsel eine Rolle gespielt haben. Escher war Obervogt zu Wollishofen, 1587 Landvogt zu Frauenfeld und dann Säckelmeister.

Die Wappen und die Jahrzahl, die die zweite Malschicht auf der vorderen Lichthofwand datieren, sind ein Beleg dafür, dass Escher gleich bei der Übernahme des «Rech» Änderungen vornahm. Wir vermuten in ihm den Auftraggeber für den Umbau der beiden vorderen Räume und des Korridors neben dem gotischen Zimmer zu einem einzigen grossen Saal. Man begnügte sich nicht mit dem Herausbrechen der Trennwand — einer ehemaligen Aussenmauer —, sondern erneuerte auch den grössten Teil der Fassade des Zimmers an der Brandmauer. Die einstige Bossenquaderecke hat sich als Abdruck in der Fuge zum anschliessenden Fassadenmauerwerk abgezeichnet. Es war offenbar nötig, mehr Fensterfläche zu öffnen, und man wollte durch eine dem Mittelzimmer entsprechende Gestaltung mit Fenstersäule eine einheitliche Raumwirkung erzielen. Über den ganzen Saal wurde eine neue Balkendecke gelegt und wohl gleichzeitig ein drittes Obergeschoss aufgesetzt. Soweit die andern Flügel auch noch nicht diese Höhe erreicht hatten, wurden sie darin angepasst, und das Ganze wurde unter ein grosses Dach gebracht. Auf dem 1576 herausgegebenen Stadtprospekt von Jos Murer ist dieses Dach bereits mit einem Krüppelwalm auf der Bergseite zu sehen.

Das «Obere Rech» war noch immer recht klein. Wir glauben, beim niederen Gebäude mit gerade noch erkennbarem Satteldach vor der bergseitigen Giebelfassade handle es sich um das «Obere Rech». In einem Eintrag von 1496 im Urbar des Barfüsserklosters wird es übrigens auch nur «hüsli» genannt.

Immerhin muss vor dem Ende des 16. Jahrhunderts eine Erweiterung des ältesten Bestands nach Norden stattgefunden haben. Ein links oberhalb der erwähnten Türe von 1525 befindlicher Durchgang in der Brandmauer liegt nämlich bereits ausserhalb des Gebäudekerns des «Oberen Rech». Die Architekturmalerei, die diesen Durchgang rahmt, stammt aus der zweiten Hälfte des

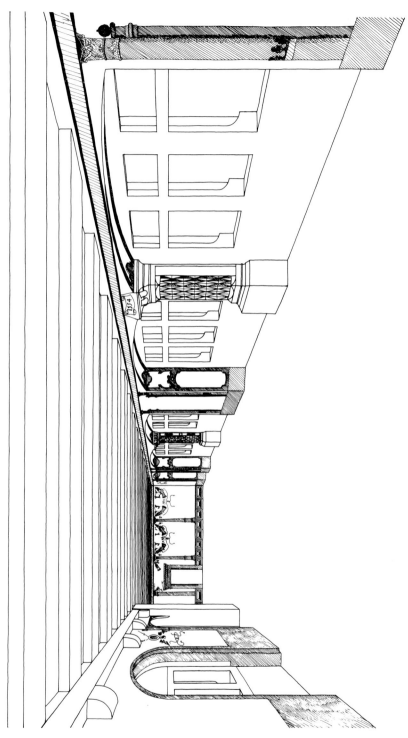

32 Zeichnerische Rekonstruktion des Saals, welcher im 2. Stock um 1574 eingerichtet worden ist. Zeichnung: Peter Holzer, Zug.

16. Jahrhunderts. Eine Treppe vor diesem Portal gleicht den Höhenunterschied zwischen den Böden der benachbarten Bauten, dem dritten Stock des «Unteren» und dem zweiten Stocks des «Oberen Rech», aus. Die von Johannes Escher 1574 in Auftrag gegebene neue Fassung der gassenwärts liegenden Lichthoffassade rechnet noch nicht mit der rechts anschliessenden, von einer Säule getragenen Wand. Die durchgehende Mauerfuge der betreffenden Ecke haben wir bereits oben erwähnt. Verputzschicht und Malerei verschwinden darin. Trotzdem muss ein mehrstöckiger Vorgängerbau anstelle des Teiles mit der Säule im Erdgeschoss bestanden haben. Bei genauem Beobachten entdeckt man nämlich, dass die rechte Seite des rechten Fenstergewändes im zweiten Geschoss keine Fase aufweist. Diese läuft am Ende des Sturzes aus. Der Eindruck, man habe hier Platz sparen müssen, wird verstärkt durch die senkrechte Anordnung schmaler Quaderbossen am Fenstergewände, während die Fenster sonst von breiten, liegenden Diamantbossen gerahmt sind. Die einstige Lichthoffassade des bachseitigen Trakts könnte man sich als Fachwerkkonstruktion denken, die gegen oben immer weiter vorkragte und vielleicht mit Lauben ausgestattet war. Dazu wurde an der innern Ecke des heute umlaufenden Gangs im 2. Stock die eine Seite eines Türgewändes festgestellt. Ausserdem fand sich im Boden unmittelbar hinter der jüngern Säule des Lichthofs ein mächtiger Fundamentblock, auf dem eine kräftige, den ersten Boden des ehemaligen Zwischentrakts tragende Stud gestanden haben könnte.

Die Architekturmalereien des 16. Jahrhunderts im «Unteren Rech» können nicht an den Werken erstrangiger Meister gemessen werden. Dennoch ist ihnen eine spezielle Sprache eigen.

Monumentale Raumgestaltung, die Bilderzählung und Allegorie in einen architektonischen Rahmen stellt, findet sich erstmals im Kloster St. Georgen in Stein am Rhein (1516). Ambrosius Holbein und Thomas Schmid öffnen mit ihren Fresken die Wände des Festsaals und schaffen perspektivisch vertiefte Scheinräume, wo sich die Figuren handelnd bewegen können. Hans Holbein gibt am Luzerner Hertenstein-Haus einen ersten Anstoss zu illusionistischer Fassadengestaltung (1517—1519). An den Basler Häusern «Zum Tanz» und «Zum Kaiserstuhl» wird der Illusionismus perfektioniert: der gebauten wird eine gemalte Fassade vorgeblendet und mit Figuren bevölkert. Holbein bedient sich dabei souverän der Formensprache der italienischen Hochrenaissance, weist aber mit seinen gestaffelten Scheinarchitekturen bereits den Weg zum Barock. Zürich hat diesen Schöpfungen der Renaissance nichts Gleichwertiges entgegenzusetzen. Nur ein schlecht erhaltenes Fragment in der Gewölbetonne der Niklauskapelle im Fraumünster, das von Hans Leu dem Jüngeren stammen könnte, verrät, dass auch ein Zürcher Meister 1515 bereits illusionistische Arkaden wiederzugeben fähig ist. In der zweiten Jahrhunderthälfte lebt die monumentale Figurenmalerei in architektonischem Rahmen mit dem Werk Tobias Stimmers (1539 bis 1584) weiter. Die Fresken am Haus zum Ritter in Schaffhausen aus der Zeit um 1570 zeigen klassische Architekturelemente, um Rollwerk und andere manieristische Motive bereichert.

Bei den Dekorationen im «Unteren Rech» handelt es sich vorwiegend um gemalte Portalgewände, die verschiedene Durchgänge einfassen. Man begegnet ihnen auf drei Wohngeschossen in Räumen mit unterschiedlichen Funktionen. Überall die gleiche kräftige Malerei in dunkelgrauer (oder ausnahmsweise dunkelroter) Farbe, überall durch Perspektive und Schattengebung erzeugte starke Plastizität, fast immer Gewände mit eingetieften Füllungen, ein Sturz mit bekrönendem Karnies und eine durch Kerbmuster verzierte Frieszone.

Von der fensterbegleitenden Doppelarkade im Röist-Zimmer aus dem Jahr 1534 unterscheiden sich die jüngern Grisaillen in stilistischer Hinsicht nicht wesentlich — jene scharf umrissen, mit feinen Profilen versehen, diese auffallend feingliedrig und zerbrechlich wirkend, obwohl Einzelheiten durchaus robust gebildet sind. Auch zu den Türeinfassungen mag die Idee aus dem Süden stammen; denn die Formen scheinen oberitalienischer Frührenaissance nachempfunden. Die Proportionen der Portale aber sind absolut unklassisch, so die gedrückten Flachbogen, die gleichsam in den Portalsturz eingeschnitten sind, und der Verzicht auf «korrekte» Pilaster oder Säulen.

Die Grisaille-Architekturen und polychromen Säulenmalereien schöpfen wohl hauptsächlich aus dem ergiebigen Vorlagenreservoir der Druckgraphik, wo das Portalmotiv auf Titelblättern hundertfach vorkommt. Vielleicht hat sogar die zuerst im italienischen Kulturkreis beheimatete Epitaphform, eine Variante, bei der dem Torbogen ein Sockel untergeschoben und das Portal zum Gehäuse umgedeutet wird, die Gestaltung der Fenstergewände im «Rech» beeinflusst. Als zweite Inspirationsquelle sei auf die Glasmalerei verwiesen. Seit etwa 1515 haben sich die Rahmen auf Glasgemälden das Formengut der Renaissance einverleibt. Gegen die Mitte des 16. Jahrhunderts häufen sich die Portale mit Säulen vor Pfeilern, während die flachen (in ihrer Form den Stichbogenfenstern verwandten) Arkaden schon immer für die Glasmalerei typisch sind. Das Bedürfnis nach architektonischer Gliederung schlägt sich ähnlich auf Schrankmöbeln und Wandtäferungen nieder.

Es gibt in Zürich einige Beispiele von Architekturmalereien um Stichbogen spätgotischer Fenstergruppen. Die Dekorationen im Hause Pfalzgasse 6, datiert in die zweiten Hälfte des 16. Jahrhunderts und möglicherweise vom damaligen Bewohner Glasmaler Heinrich Holzhalb oder dessen gleichnamigem Sohn geschaffen, stehen dem Neumarkt 4 sehr nahe. Eng verwandte Blattmotive und Profile der Gewändefüllungen fanden sich im Haus Münstergasse 7.

Von viel einfacherer Art sind die Malereien im Saal des Ritterhauses Bubikon von 1548. Zur Bekrönung der Wandvorlagen dienen die gleichen Kugelaufsätze wie auf den Pilastern der Neumarktfassade im Saal des «Unteren Rech». Ähnlichen Grisaille-Architekturen begegnet man vor allem in der Nordwestschweiz, zum Beispiel im Schützenhaus Basel (datiert 1562) und ehemals im Schlössli Augst (zwischen 1560 und 1580). Die zweite Schicht der Dekorationen auf der Lichthoffassade zeigt eine figürliche Darstellung. Ein blassroter Engel, der seine Abstammung von italienischen Putten kaum bestreitet, hält stehend zwei Wappenschilder. Paul Guyer hat die fast völlig zerstörten Wappen identifiziert: links das Wappen Johannes Eschers, rechts das seiner Gattin Verena Wirz von Erlenbach.

Engel und Jahrzahl 1574 zugeordnet sind die (heute sichtbaren) Fenstereinfassungen mit auffallend plastischer Rustika aus Diamantbossen. Auch die bekrönenden Voluten über dem Fensterpaar im zweiten Stock zeichnen sich durch stark perspektivische Untersicht und räumliche Wirkung aus und sind darin nächste Verwandte der zeitgleichen Dekorationen über zwei Wandnischen im Haus Limmatquai 36 (wohl von 1572). Die Delphine der Lichthofwand, die eine doppelhenklige Vase halten, scheinen aus dem Repertoire eines Goldschmieds oder Zinngiessers entlehnt.

Sämtliche Wandmalereien im Haus Neumarkt 4 sind in Seccotechnik aufgetragen. Bei der Seccotechnik wurden die kalkfesten Erdfarben mit Kalkwasser vermischt und auf die trockene, zuvor mit einer Kalktünche vorgestrichene Wand aufgemalt. Wünschte man andere Verzierungen, brauchte man die Fläche nur zu reinigen, mit einer weitern Kalkschicht zu überziehen, gut trocknen zu lassen, und schon stand ein neuer Malgrund zur Verfügung. Die Farbenskala der Pigmente war bis zur Mitte des 18. Jahrhunderts sehr bescheiden; denn mit dem Bindemittel Kalk konnten nur natürliche Erdfarben sowie Kohle und Russ verwendet werden. Als schwarze Pigmente wurden häufig Beinschwarz und Rebschwarz, also verkohlte Knochen- und Pflanzenreste, verarbeitet. Eisenoxidrot, Zinnober und gebrannter Ocker waren die hauptsächlichsten roten Pigmente. Ultramarin, Smalte, Azurit und später Kobaltblau dienten für die blauen, Ocker, Neapelgelb und Sienaerde für die gelben Farben. Malachit und grüne Erde gaben

33 1. Stock, Eckzimmer Neumarkt/Rehgässchen. Qualitätsvolle manieristische Dekorationsmalereien um Türe, Fenster und Wandnische. Bizarre Komposition von Architektur- und Pflanzenteilen in lebhaften Farben. Kurz nach 1619.

die grünen, gebrannte Erde und Russ die braunen Farbtöne. Für Malereien auf Holz genügten reine Kalkfarben nicht, da zwischen Holz und Anstrich keine Bindung entstehen würde. Hier rührte man die Farben mit Kalkkasein, mit tierischen Leimen oder mit temperaartigen Emulsionen an.

Die neue Ausstattung des frühen 17. Jahrhunderts

Die Familie Escher wohnte bereits am Übergang des 16. zum 17. Jahrhundert nicht mehr im «Rech». 1614 residierte hier der französische Gesandte de Castille. Im Jahre 1619 verkaufte Escher die Liegenschaft im Namen seines Sohnes Hans Jakob und der Kinder des verstorbenen Sohnes Hans Kaspar an Ludwig Orelli (1576–1623). Dieser war, wie die meisten der Zürcher Orelli, Seidenfabrikant bzw. Seidenhändler. Daneben handelte er noch mit Wolle, Korn und Vieh und betrieb Geld- und Wechselgeschäfte. Seine Firma zählte zu den bedeutendsten in Zürich. Nicht erstaunlich also, dass in dieser Zeit ein Grossteil der Dekorationsmalereien im «Rech» entstand. Von den 13 Kindern starben die sechs Söhne in frühen Jahren, und nur zwei der Töchter verehelichten sich. Sie teilten mit ihren Familien das Haus. Regula (1612—1676) im «Unteren Rech» hatte 1628 den Rittmeister Hans Ulrich Rahn geheiratet. Er war zweimal im Grossen Rat und 1648 bis 1651 Landvogt zu Andelfingen. Regula überlebte sowohl ihren Gatten als auch ihren im besten Alter verstorbenen Sohn Ludwig. Wer unmittelbar nach ihr im «Unteren Rech» wohnte, ist unbekannt.

Obwohl das Bauvolumen — mit Ausnahme der Vergrösserung des «Oberen Rech» — nicht mehr zunahm, hat das «Rech» in der Zeit des vermöglichen Seidenfabrikanten Ludwig Orelli sein Aussehen im Innern nochmals verändert. Im Lichthof entstanden um 1620 die beiden oberen Treppenpodeste mit den Holzbalustern und gegenüber eine neue, unten durch eine doppelte Arkade voll geöffnete Wand.

Mutmasslich ebenfalls dieser Zeit zuzuschreiben sind die Fenstergewände sowie die Säule des Mittelzimmers gegen den Neumarkt im ersten Stock. Im zweiten Geschoss unterteilte man den von Johannes Escher eingerichteten Saal wieder in zwei Räume und grenzte mit einer weiteren Wand den schmalen Korridor davor ab. Im ersten Stock wurden die grossen Holzdecken bemalt. Im Erdgeschoss haben wir uns nur Magazine und Keller vorzustellen. Sein Geschäft betrieb Orelli allerdings nicht im «Rech», sondern im Haus Neumarkt 11.

Die Wand- und Deckenmalereien des frühen 17. Jahrhunderts sind einem völlig neuen Empfinden entsprungen. Das soll am Beispiel einer gemalten Türeinfassung im Eckzimmer Neumarkt/Rehgässchen zu zeigen versucht werden: Die mit einem Architrav versehene Stichbogenöffnung der Tür im ersten Obergeschoss wird von einer mehrschichtigen, vielfarbigen Portalkonstruktion umgeben, deren Sturz auf dem Volutenkapitell einer juwelenbesetzten Wandvorlage ruht. Beidseits dieses Pilasters kragt eine Mauerscheibe vor, von deren Deckplatte ein Blattgehänge baumelt. Ein eingerolltes Akanthusblatt begleitet die Türöffnung, horizontale Architekturglieder sind untereinander durch Voluten verbunden. Bekrönend über dem Portal sitzt, durch die ehemals niedrige Raumhöhe gedrückt, eine Rollwerkkartusche mit einer lebhaften Jagdszene, flankiert von zwei prallen Früchteschalen. Ähnliche Gebilde fassen eine Wandnische und sämtliche Fenster des Raums ein. Sie setzen sich zwar aus Architekturteilen zusammen, sind aber überhaupt nicht architektonisch konzipiert: Das Portal steht teils auf Rollwerk-«Füssen», teils ohne richtigen Sockel auf der Bodenfläche, die tragenden Elemente sind durchbrochen und beziehungslos hintereinandergeschichtet; Gebautes ist durch pflanzliche und mineralische Appliken verziert, die gleichsam aus der Architektur herauswachsen. Baufremde Farbgebung in lebhaften Erdfarben, unter Verwendung eines kräftigen Rots und leuchtenden Violetts, starke perspektivische Untersicht verunsichern den Betrachter. Das Ganze ein Spiel, wie es dem Stilwollen des Manierismus entspricht.

Hinter derartigen Malereien stehen die skurrilen Architekturphantasien des nordischen Manierismus, am gültigsten und einfallsreichsten vertreten durch den aus Pfullendorf gebürtigen und in Strassburg tätigen Zeichner und Maler Wendel Dietterlin (1551–1599). Im Säulenbuch des Serlioschülers, zwischen 1593 und 1599 publiziert, finden sich die scharf umrissenen, hartkantig beleuchteten, verschachtelten Architekturelemente, finden sich die edelsteinbesetzten Pilaster, aufgerollten Akanthusblätter mit Pyramidenaufsätzen, zapfenförmigen Lorbeerblattgehänge, Kartuschenformen, Rollwerkzierden, wie sie die Wanddekorationen des «Rech» prägen.

Aus stilistischen Gründen gehören diese Malereien noch ins erste Drittel des 17. Jahrhunderts. Einmal mehr scheint sich hier die Arbeitshypothese zu bestätigen, wonach ein neuer prominenter Besitzer jeweils dem Haus seinen Stempel aufgedrückt hat. Zur Ausstattung der Familie Orelli, nach 1619 geschaffen, gibt es in Zürich mindestens zwei gute Vergleichsbeispiele. Auch sie beziehen sich nicht nur auf die Wanddekorationen, sondern umfassen bemalte Sichtbalkendecken und Fachwerkkonstruktionen. Im Haus Rindermarkt 11 beleben etwas einfachere Architekturen die Fensternischen; die Blattgehänge in den Leibungen (um 1600) entsprechen aber den Gewändeverzierungen des «Rech». Die Palette der Dekorationen im Haus Augustinergasse 17 aus dem Jahre 1644 stimmt mit derjenigen des «Unteren Rech» — mit Ausnahme der Decken — nahezu überein. Sehr ähnliche Farbgebung zeichnet die Malereien in der unteren Ritterlaube der Kyburg aus, die dem Zürcher Glasmaler Christoph Murer zugeschrieben werden. Das straffere Konzept jener Fenster- und Türrahmungen deutet auf eine Weiterbearbeitung etwas älterer Dekorationen, die üppigere Bekrönung mit Rollwerk, Masken und Früchtestücken auf das anspruchsvollere Programm für eine wichtigere Bauaufgabe, als bloss für ein Bürgerhaus. Auch aus Winterthur sind manieristische Wanddekorationen bekannt (Marktgasse 68, Altes Stadthaus).

Weniger gegenständlich äussert sich das gleiche Schmuckbedürfnis in den grauen Rollwerkeinfassungen an Fenster- und Türgewänden des Korridors um den Lichthof und in einer Kartusche neben der Türe, die vom Treppenhaus zu den gartenseitigen Räumen führt. Eine Entwicklungslinie dieses mit Rollwerk bezeichneten, flächigen Zierats wurzelt denn auch in den Wappenschildern des Spätmittelalters und der Renaissance: Schildflächen werden durchlöchert und geschlitzt, Ecken aufgerollt und mit Akanthuslaub belegt. Diese Stilstufe lässt sich schon im 1537 in Strassburg publizierten Kunstbüchlein des vielseitig gebildeten Heinrich Vogtherr des Älteren feststellen, einem — ausserordentlich frühen — Vorlagenwerk für Maler, Bildschnitzer, Goldschmiede usw. Die niederländischen Manieristen des mittleren 16. Jahrhunderts haben die Rollwerkkartuschen aus ihrem Gegenstandsbezug gelöst und als reine Ornamente in unzähligen Stichen propagiert und verbreitet. Um 1560 nimmt Malerei, Glasmalerei und Architektur in der Schweiz das Rollwerk als Rahmenmotiv zaghaft auf; seine Blüte erreicht es erst im frühen 17. Jahrhundert und verschwindet nach 1680 langsam aus dem Formenschatz der Bildenden Künstler und Handwerker, obwohl es sich namentlich in der Glasmalerei und Ofenbaukunst bis nach der Jahrhundertwende zu halten vermag. Einfache Rollwerkverzierungen finden sich als Begleitmuster von Riegelkonstruktionen, die manchmal die verputzten Flächen illusionistisch vertiefen; reichere, in der Art der grauen Gewändeeinfassungen des «Unteren Rech», akzentuieren Fensterpartien von Profanbauten (zum Beispiel die Fassaden der ehemaligen Zürcher Zunfthäuser «Zur Meisen» 1644 bis 1672, «Zum Weggen» und des ehemaligen Kornhauses beim Grossmünster, 1616 bis 1619) und Sakralbauten (zum Beispiel ehemalige Schlosskapelle Greifensee, reformierte Kirche Aeugst).

Farbige Volutengebilde oder Kartuschen verbinden in einigen Räumen die verzierten Wandöffnungen mit den bemalten Sichtbalkendecken. Allen diesen Decken sind Beschlägmuster eigen. Gerade Zürich und seine Umgebung besitzt eine Vielzahl von Deckenmalereien mit Beschlägimitationen — meist in kräftigen, satten Farben um 1600 und zu Beginn des 17. Jahrhunderts, in dezenten Tönen bis ins 18. Jahrhundert. Das «Untere Rech» hat Vorzügliches aufzuweisen und brilliert vor allem durch grossen Variationsreichtum, der zwischen einfachen und repräsentativen Räumen unterscheidet. Am Beispiel der Malereien im Eckzimmer Gartenseite/Brandmauer seien einige Besonderheiten erwähnt: Zwischen den Balkenunterzügen sind hier im ersten Obergeschoss auf der ganzen Raumtiefe abwechslungsweise weinrot und beige marmorierte Grundierungen angebracht. Darüber legen sich Bahnen von gleichmässigen, brezelförmigen, unter sich durch Stege verbundenen Mustern. Auch der hellgrüne Marmorgrund der Deckenunterzüge trägt ein derartiges festes Gitter. Auf den zurückhaltend getönten Muster- und Grundflächen glänzen, symmetrisch angeordnet, runde und geschliffene Edelsteine. Diese eher schablonenartigen Malereien finden sich an Treppenuntersichten und Korridordecken — dort aber ohne Juwelenbesatz. Sie scheinen genau den Punkt der Stilentwicklung zu bezeichnen, an dem sich

34 «Unteres Rech», Eckzimmer Gartenseite/Rehgässchen. Beispiel einer reichen Beschlagwerkdecke aus der Zeit kurz nach 1619: Formen- und Farbenreichtum der Muster, Juwelenbesatz und Marmorierungen verfremden den hölzernen Malgrund.

die rein geometrischen, von Naturvorbildern gelösten Ornamente der Bandverzierungen, wie sie auf Ledereinbänden und Türbeschlägen vorkommen, wieder vergegenständlichen: mit den Juwelen. Etwas komplizierter ist das Beschlägewerk im danebenliegenden gartenseitigen Zimmer gestaltet, wo Bänder über- und untereinandergreifen und Voluten mit zugespitzten Enden engere Assoziationen an Rollwerk liefern. Doch auch hier sind, anders als bei den meisten zürcherischen Exemplaren, keine vegetabilen Versatzstücke eingeflochten, besteht kein sichtbarer Bezug zu Rankenwerk oder heraldischen Motiven. Nur an einer Decke im dritten Stock treten zwischen den einzeln gefassten, durch Leisten

35 «Unteres Rech», 2. Stock, Mittelzimmer, Neumarktseite: Kassettierte Holzbalkendecke der Renaissance, wohl im späten 17. Jahrhundert mit Rosetten und Früchtebüscheln in verschiedenen Grautönen reich bemalt.

getrennten Volutenmotiven da und dort rund gerahmte Rosetten auf. Wie beliebt Beschlägemuster waren, illustriert eine Auswahl von Beispielen aus der Zürcher Altstadt: einfachere, geometrisch strukturierte Decken in den Häusern Münstergasse 7 und 9, Rindermarkt 11 (um 1600), Oetenbachgasse 5 (1628/29), Schönberggasse 15; lebhaftere, auch farblich differenzierte in den Häusern «Oberes Rech», Augustinergasse 17 (1644), Neumarkt 13 (Anfang 17. Jh.), In Gassen 3 (Mitte 17. Jh.) und 5, Kirchgasse 27. Von den nahen Landsitzen können sich vor allem der Traubenberg in Zollikon und der Seehof in Küsnacht mit den reichsten städtischen Bürgerhäusern messen. Gerade die Ausstattung des See-

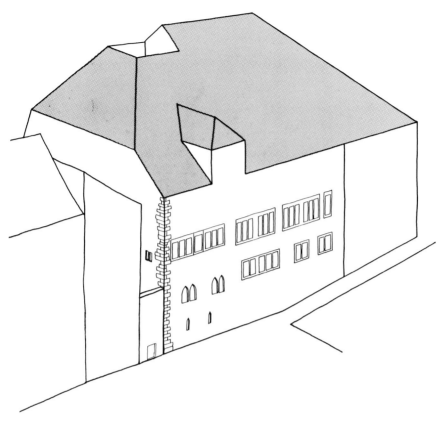

36 Neumarkt 4/Spiegelgasse 26: Zusammenfassung von «Unterem» und «Oberem Rech» vor 1738. Das «Obere Rech» erhielt die heutigen Ausmasse. Das Dach schliesst walmartig an dasjenige der unteren Hausteile an. Zeichnung: Jürg Hanser, Zürich.

hofs (um 1600) zeigt erstaunliche Parallelen zum «Unteren Rech». Befremdend mutet die Ausschmückung eines Raumes im dritten Obergeschoss an, wo drei übereinanderliegende Girlandenreihen die Gefache einer regelmässig gegliederten Riegelwand ausfüllen. Die Mauerflächen selbst sind durch einen illusionistischen orangeroten Rahmen in die Holzkonstruktion eingetieft, die einzelnen Balken hellbraun gestrichen und mit weinroten, marmorierten Füllungen versehen. Lorbeerfestons und Kolorit erinnern an die manieristischen Dekorationen im Erdgeschoss und stammen wohl aus der gleichen Zeit. Auch verschiedene andere Räume des dritten Stocks besitzen eine weinrote Bemalung der Riegel.

Im späten 16. Jahrhundert beginnen vielerorts farbige Fassungen die graue Fachwerkbemalung, zu der sich höchstens Licht und Schatten markierende Konturlinien gesellt haben, abzulösen. Das Farbspektrum reicht von sattem Dunkelrot bis zu knalligem Zinnober, nicht selten werden Balken marmoriert oder mit Rosetten verziert. Die Riegelfelder sind seit der Gotik geschätzte Bildträger. Den stilisierten Blumenmotiven des Mittelalters setzen Manierismus und Barock duftige Blumensträusse und bunte Früchtebüschel entgegen. Ein besonders reiches Beispiel von Riegelfeldmalerei kam bei der Restaurierung im Haus Kirchgasse 7, der «Engelburg», zum Vorschein, wo eine Wappengalerie mit Girlanden, allerlei Vögeln und einem lebensgrossen Wachthund fröhlich herausgeputzt ist.

Wohl schon die Familie Escher, sicher aber die Orelli, haben auf den Wandflächen des «Unteren Rech» Sprüche anbringen lassen. Wohnräume, Korridore und Treppenhaus tragen zum Teil mehrfach erneuerte Inschriften in Dürerfraktur bzw. barocker Fraktur. Es ist durchwegs religiöses Gedankengut, das hier vermittelt wird, manchmal als Psalmweisheit, manchmal als Sinnspruch formuliert oder in ein Gebet gekleidet. Zwei Sinnsprüche sollen uns deutlich machen, dass deren Gehalt noch heute an Bedeutung nichts verloren hat: «Glück hat Tück» — «Nyd, en böse Kryd». Über der Lichternische des Eckzimmers Neumarkt/Wolfbach, im ersten Obergeschoss, steht in einer Kartusche: «Lass Dyn Liecht lüchten Herre Gott, so hand wir Trost in aller Nott». Mit dem Bedürfnis, religiös-moralische Leitsätze täglich vor Augen zu haben, stehen die Bewohner des Neumarkt 4 nicht vereinzelt da. Derartige Inschriften, oft auf Riegelfelder gemalt, finden sich während des 17. und 18. Jahrhunderts in vielen Altstadthäusern Zürichs und Winterthurs und in Herrschaftssitzen und Bauernhäusern der Zürcher Landschaft.

Die neuere Zeit (18. und 19. Jahrhundert)

Zur Zeit der Stadtansicht von J.C. Uehlinger, das heisst Ende der 1730er Jahre, hatte das «Obere Rech» bereits die heutigen Ausmasse. Ein Dach mit vollem Walm anstelle des Krüppelwalmes am «Unteren Rech» bedeckte den ganzen Gebäudekomplex. Auf dem ebenso von Uehlinger um 1750 gezeichneten «Panner im Neumarkt» erkennen wir nicht nur eine farbig gefasste Nordostecke, sondern daran anstossend eine über acht Meter hohe Mauerscheibe zwischen dem «Unteren Rech» und dem «Rechberg» (Neumarkt 6), welche die vornehm gewordene Gasse von der zeitweise übelriechenden «Wolfbachschlucht» trennte. Die gleiche Geruchsschranke findet sich gegenüber, zwischen der

«Deutschen Schule» und dem «Bilgeriturm»/«Schuhmachern». Bauliche Änderungen fanden dann bis ins 19. Jahrhundert nur noch in geringem Umfange statt. Es mag deshalb interessieren, was für Räume und Nebengebäude das «Rech» nach einer Aufzeichnung von Leonhard Schulthess am Ende des 18. Jahrhunderts besessen hat: «Zu ebener Erde linker Hand der Haustüre befanden sich zwei aneinanderstossende Keller und rechter Hand ein kleiner Keller, ein Hof, ein Waschhaus mit einem Stübchen daneben, hinten ein grosses Magazin und ein Hühnerhof. Zur ersten Etage gehörte vorn gegen den Neumarkt eine Stube samt Nebenkammer, eine dunkle Kammer gegen die Steingasse gelegen, eine ‹heitere Kammer hinten auss›, eine Küche, ‹Gang zum Secret› und eine hintere grau gemalte Stube samt Cabinet, daneben, nach hinten gehend, den Hof, Stall, die Heudiele und den Garten. Die zweite Etage war im Besitz von Herrn Hirzel. Im dritten Stockwerk befanden sich vorn eine Wohnstube mit zwei Nebenkammern, eine grosse Speisekammer, hinten die Küche, der Abort, eine grosse Stube samt Cabinet, eine weitere Stube mit Kamin und ein dunkles Zimmer, das als Alkoven diente. Im vierten Stockwerk lagen zwei kleine Kammern neben der Treppe, ferner zwei Dienstenkammern und ein ‹Plunder-Kamer›. Eine Treppe höher stiess man auf die Winde und einen Einfang, ‹so zu Gerümpel Gemach dienen› und Kästen und darüber erst nochmals eine kleine Winde.» Bezeichnenderweise sind der Hof, der Garten und der Stall nach den Räumen des ersten Obergeschosses aufgeführt. Das Gelände hinter dem «Rech» lag eben ziemlich höher als davor. Der Garten und der Stall sind auf dem Müllerplan, der aus der gleichen Zeit wie die Aufzeichnung von Leonhard Schulthess stammt, sehr klar dargestellt.

1879 wurde das Dachgeschoss auf der Vorderseite des «Unteren Rech» ausgebaut und mit einer Zinne versehen. Im Erdgeschoss richtete man einen Laden ein. Gleichzeitig wurden wahrscheinlich die Fenster des gotischen Zimmers auf der Neumarktseite verlängert, das heisst der Grösse der anderen Gruppen im zweiten Obergeschoss angepasst, und die ganze Vorderfassade mit Gesimsen versehen. Anstatt der Spitzbogenfenster des ersten Stockes hatte man jedoch schon früher grössere Rechteckfenster gemacht. Die vielen Unterteilungen und Nutzungsänderungen der alten Räume in der zweiten Hälfte des 19. Jahrhunderts wollen wir hier nicht mehr verfolgen.

Spätestens in der zweiten Hälfte des 18. Jahrhunderts lebte hier — mit Ausnahme seiner Amtszeit als Obervogt zu Wülflingen — Johannes Landolt (1716 bis 1770). Von ihm erbte der als «Landvogt von Greifensee» in Gottfried Kellers Novelle so bekanntgewordene Salomon (1741—1818) den unteren Teil des «Rech». Das Reiterbild vom dritten Stock belegt zwei der von Keller geschilderten Neigungen, nämlich Obrist Salomon Landolts Liebe zum Militär und seine Lust, auf Mauern zu kritzeln, die sich schon als Knabe im Schloss Wellenberg bemerkbar machte, wo er die Wände «in Kohle und Rotstein mit hundert Kriegerfiguren illustriert habe».

Im Jahre 1790 erwarb Direktor Kaspar Schulthess (1709—1804) im Nachbarhaus «Rechberg», das heisst dem heutigen «Steinberg», Neumarkt 6, das «Untere Rech» für seinen Sohn Leonhard (1753—1803). Das gespannte Verhältnis zwischen dem strengen Kaspar Schulthess und seiner lebenslustigen Schwiegertochter Franziska Caroline Meyer hatte offensichtlich getrennte Wohnsitze notwendig gemacht. Fanny Schulthess-Meyer (1768—1835), aus einem Zürcher Geschlecht, war in Strassburg aufgewachsen. Die Familiengeschichte der Schulthess-Rechberg und das Archiv zeichnen ein lebendiges Bild von ihrem neuen Heim, wo sie freie Hand hatte, «ihrem Bedürfnis nach reger Geselligkeit Tür und Tor zu erschliessen und ihrem Haus den ehrenvollen Ruf zu verschaffen, ein Sammelpunkt der vornehmen, namentlich der diplomatischen Welt zu sein, und mit ihrer Hausbühne Unterhaltungen und Genüsse zu spenden, wie sie zu jener Zeit in Zürich noch nicht zu den Alltäglichkeiten gehörten. Wir sehen darin aber auch die Spannungen zwischen den Eheleuten, die bis zur zeitweiligen Trennung führten. Auf die Dauer litt der kränkliche Leonhard unter dem, wie er sich ausdrückt, «irregularen Leben seiner Gattin». Er starb schon 1803. Der Sohn Adolf Friedrich zog 1830 ins Stammhaus der Schulthess und von dort 1839 ins besonders vornehme Haus «Zur Krone» vor der Kronenporte am Hirschengraben, wohin er den Namen des Stammhauses, «Rechberg», übertrug. Seine Kinder verkauften das «Untere Rech» 1846 an den Tischmacher J.J. Nabholz, der gleichzeitig auch das «Obere Rech» erwerben konnte. Der Geschichte dieses oberen Hauses, zu dem auch der zweite Stock des untern zählte, müssen wir uns nochmals zuwenden. Die jüngere Tochter des Seidenfabrikanten Ludwig Orelli, Katharina (1619—1690), wohnte hier mit ihrem Ehemann Hans Kaspar Hirzel (1617—1691). Hans Kaspar, Sohn des Bürgermeisters Salomon, begann seine erfolgreiche Laufbahn als Mitglied des Grossen Rates 1638, wurde im folgenden Jahr Ratssubstitut, 1645 Unterschreiber, 1651 Stadtschreiber und 1657 Landvogt im Thurgau. 1669 wählte man ihn zum Bürgermeister. Die Herrschaft und Schloss Kefikon hatte er sich 1650 gekauft. Das «Obere Rech» vererbte sich von ihm an seinen Sohn Hans Jakob Hirzel (1658—1706), der Tuchherr und 1687 auch Grossrat war, dazu einige wichtige andere Ämter innehatte. Die letzten Hirzel im «Oberen Rech» waren alle Säckelmeister, was auch sie als hochgeachtete Persönlichkeiten ausweist. Der erste dieser Reihe ist Hans Jakob Hirzel (1685 bis 1754), dann folgen sein gleichnamiger Sohn (1710—1783) und endlich Hans Kaspar Hirzel (1746—1827). Letzterer wurde wegen seiner konservativen

Äusserungen auf Befehl des Helvetischen Direktoriums 1799 nach Basel deportiert. 1802 amtete er als Präsident der Interimsregierung, bis man ihn auf Befehl der französischen Regierung verhaftete und bis 1803 auf Schloss Aarburg internierte. Vom letzten Hirzel im «Oberen Rech», Hans Jakob Hirzel (1770–1829), schreibt Paul Guyer in einem Manuskript: «Er gehörte seit 1805 dem Kleinen und seit 1823 dem Staatsrat an. Da er eines der angesehensten und regsamsten Mitglieder der Regierung war, versetzte der tragische Tod des zur Schwermut neigenden Hirzel der von den Liberalen angefochtenen Regierung einen empfindlichen Schlag; ein Jahr nach seinem Tod leitete der Ustertag (22. November 1830) den Sturz der aristokratischen Regierung ein.»

Das «Rech» als Miestshaus der zweiten Hälfte des 19. Jahrhunderts

Mit dem Übergang des «Rech» an den Tischmacher J. J. Nabholz endet 1846 seine Verbindung mit dem Kreis regimentsfähiger Familien des Alten Zürich, und an diesem Punkt sind bisher auch die personengeschichtlichen Nachforschungen stehengeblieben. Die Unterteilung der alten Räume, die Einrichtung von weiteren Küchen und anderes mehr markieren im baugeschichtlichen Ablauf den Übergang zur anscheinend uninteressanten Mietshausepoche. Aber obwohl nun Angehörige des Mittelstandes als Hausbesitzer sich folgen und im Haus zum «Unteren Rech» (seit 1853 vom «Oberen Rech» vollständig getrennt) ein Jahrhundert lang das Gewerbe dominiert, halten die Haus- und Familienbögen der Einwohnerkontrolle nicht wenige Überraschungen bereit. Zwar überwiegen rein zahlenmässig die Handwerker, Arbeiter, Arbeiterinnen, die Dienstboten und kleinen Angestellten, aber unter den Mietern, Untermietern und Kostgängern erscheinen auch Bewohner aus anderen Lebensbereichen: aus den Kreisen der Kultur, der Kunst, der Wissenschaft, der Politik. So bleibt das Haus auch nach 1846 ein Ort, der zur Geschichte und nicht bloss zur Vergangenheit gehört. Merkwürdigerweise sind die beiden markantesten Momente in der Personengeschichte des Hauses seit 1850 mit zwei slawischen Namen verbunden: mit dem Serben Svetozar Markovic (1846–1875) und dem Russen Constantin von Monakov (1853–1930). S. Markovic war der Begründer des serbischen Sozialismus. Er hielt sich 1869/70 in Zürich auf und wohnte vom Januar bis März 1870 im Haus «Zum Unteren Rech». Hier war auch der spätere serbische Minister und Parlamentspräsident Petar Velimirovic eingemietet, ganz in der Nähe, im Haus Seilergraben Nr. 9, wohnten weitere serbische Studenten zusammen, unter ihnen Nikola Pasic, der spätere serbische Ministerpräsident und jugoslawische Staatsgründer. So gehört das Haus «Zum Unteren Rech» zu den wichtigen Gedenkstätten serbischer und jugoslawischer Staatsmänner.

37 Neumarkt 4, «Unteres Rech», Neumarktseite. Zustand 1962. Die Ladeneinbauten und das vierte Geschoss mit Zinne entstanden erst bei einem Umbau 1879/80.

Von 1887 bis 1913 befand sich in zwei kleinen Zimmern die zunächst private Poliklinik für Nervenkranke, die Constantin von Monakov, der grosse Pionier der Neurologie, als erste selbständige neurologische Institution in der Schweiz eingerichtet hatte, um Forschung und Praxis auf eine möglichst breite gemeinsame Basis zu stellen. Das Haus «Zum Unteren Rech» verdient also auch, in der Geschichte der Medizin erwähnt zu werden.

38 «Unteres Rech», Neumarktseite. Zustand 1979. Die Renovation stellte im wesentlichen die äussere Form des späten 16./frühen 17. Jahrhunderts wieder her.

1961 erwarb die Stadt Zürich das «Untere Rech». Nach einer längeren Projektierungsphase mauserte sich die Liegenschaft von einer «Bruchbude» zu einem sanierungswürdigen Altstadthaus durch. 1976 war der zurückhaltende Umbau abgeschlossen, und seither ist das Gebäude Sitz des Baugeschichtlichen Archivs, des Büros für Archäologie und des Stadtarchivs. Darüberhinaus ist das «Untere Rech» das lebendige Beispiel für ein repräsentatives Bürgerhaus mit einer 800jährigen Vergangenheit, welches heute in vielen Teilen öffentlich zugänglich ist.

4.2 Der «Bilgeriturm»/Zunfthaus «Zur Schuhmachern»/ «Eintracht», Neumarkt 5

Der gedrungene romanische Wohnturm mit dem zugehörigen Palas an der Nordseite und die später zum Teil ins Zunfthaus «Zur Schuhmachern» einbezogenen älteren Steinbauten konnten leider nie monumentenarchäologisch untersucht werden. Dies würde heute auch nicht mehr viel bringen, ist der städtebaulich doch so wichtige Gebäudekomplex in der Neuzeit mehrmals «tiefgreifend» umgestaltet worden. Zurück blieben vom Turm und dem hofseitigen Palas die Hülle und von den östlich liegenden Steinbauten nur noch wenige zusammenhanglose Mauerreste im Erd- und ersten Obergeschoss des Zunfthauses.

Entgegen früheren und bis vor kurzem noch vertretenen Vorstellungen, die den Turm und weitere benachbarte hochragende Steinbauten «zu Stützpunkten einer älteren Stadtbefestigung» gemacht haben, wissen wir heute Bescheid über deren Entstehungszeit.

Der frühe Turmbau / Erstes Viertel 13. Jahrhundert

Noch vor Errichtung der ersten und einzigen mittelalterlichen Stadtmauer wurde östlich vom Wolfbach, der heute eingedohlt das Rehgässchen herunterfliesst, im ersten Viertel des 13. Jahrhunderts ein Turmhaus gebaut. Über einem unregelmässigen Viereck als Grundriss (8,6 × 13 × 9 × 12 Meter) entstand ein 9,7 Meter hoher Steinkörper, von welchem wir seit der Restaurierung von 1940 den sorgfältig lagerhaft gefügten Mauerverband aus Bollen- und Lesesteinmaterial kennen. Die Ecken werden von eher kleinteiligen Läufer-/Bindersteinen mit recht schmalem Randschlag und «weichen» Bossen gebildet. Ihre Masse übersteigen die Länge von 0,6 Meter und die Breite und Höhe von 0,3 Meter nicht. Die stärkste Mauer von über 1 Meter Mächtigkeit kehrt der Turm dem Neumarkt zu. Über seine Bedachung und ein möglicherweise auf dem massiv gefügten Steinmantel aufgesetztes weiteres Geschoss in Ständerbaukonstruktion wissen wir nichts.

1940 entdeckte man auch im ersten Obergeschoss die Reste einer spätromanischen Dreierarkade mit gefalzten Rundbogen auf Kämpfersteinen. Solche Fensterformen sind im frühen Steinbau Zürichs eher selten. Die Absicht des Bauherrn aber wird darin deutlich, dass er — angeregt durch die feudale Architektur anderer Turmhäuser, wie zum Beispiel diejenige des 1938 abgetragenen «Roten Turm», Storchengasse 18 — mit seinem Bau herrschaftliches Imponiergehabe

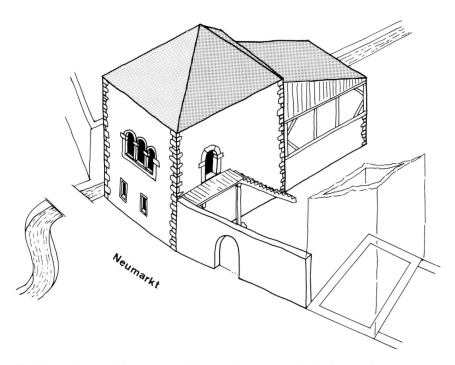

39 Neumarkt 5, «Bilgeriturm», Rekonstruktionsversuch des ältesten Bauzustandes, erste Hälfte 13. Jahrhundert: Erschlossen wurde der Turmkörper durch einen Hocheingang vom Hof her. Der gartenseitige Anbau bestand wahrscheinlich aus Holz. Zeichnung: Marianne Mathys, Daniel Berti, Zürich.

zur Schau stellen wollte. Die Erschliessung des Turms erfolgte sicherlich von der Ostseite her. Auch nur Spuren allfälliger Hocheingänge sind indes in den Mauerdurchbrüchen des 19. und 20. Jahrhunderts völlig getilgt worden. Vom Neumarkt und vom Bach her sind Zugänge auszuschliessen, wie die Befunde von 1940 deutlich machen. Zur Hof- oder Gartenseite hin muss man sich am ehesten einen hölzernen Annex vorstellen, welcher wenig später — wie wir noch sehen werden — in Stein ersetzt worden ist.

Ähnliche Steinbauten entstanden zu jener Zeit in der nächsten Nachbarschaft: gleich westlich vom Wolfbach der Kernbau der späteren «Deutschen Schule»/Neumarkt 3 und auf der anderen Gassenseite derjenige des «Unteren Rech»/Neumarkt 4 und des «Rechberg»/Neumarkt 6. Der Auftraggeber ist für keines der repräsentativen Steinhäuser bekannt.

Der geläufige Name «Bilgeriturm», für den frühesten Baukörper am Neumarkt 5, erinnert aber an die ältesten namentlich bekannten Bewohner des Hauses, die Bilgeri, die den repräsentativen Turm vom 13. Jahrhundert bis gegen 1380 zu eigen besassen.

Auf- und Anbauten / Zweite Hälfte 13. Jahrhundert

Zu ihrer Zeit wurde in der zweiten Hälfte des 13. Jahrhunderts der Turm um ein weiteres Geschoss in Stein aufgestockt und erhielt über dem steinernen Dachgesims ein hochragendes Walmdach, welches wir auf dem Murerschen Stadtprospekt von 1576 noch deutlich erkennen. Die Aufstockung beträgt 4 Meter, und das Baumaterial setzt sich weitgehend aus Bruch- und wenigen Lesesteinen zusammen. Mit dem vermehrten Aufkommen der Steinhäuser und vor allem mit dem Bau der ersten Stadtmauer — der Beginn erfolgte in den späten zwanziger Jahren des 13. Jahrhunderts — waren die handlichen Steine natürlich immer gefragter und wurden damit in nächster Nähe immer seltener. Folgerichtig ist denn auch, dass man sich bald mit kleinerem Bollen- und Lesesteinmaterial zufrieden geben musste. Im mittleren und späten 13. Jahrhundert haben die Mauern zuweilen einen geradezu «niedlich-kleinteiligen» Charakter, wenn sie nicht überhaupt aus Bruchsteinen wie der «Grimmenturm» und die erwähnte Aufstockung des «Bilgeriturms» — aufgeführt waren. Die kräftigen Buckelquader der Eckverbände weisen einen schmalen Randschlag auf. Die Binder erhalten zusätzlich immer noch einen weiteren Stein beigesetzt. Die Fensterformen, gotische Lichter, der bossierte Eckverbandcharakter, das Dachgesimse und das Steinmaterial sind dem etwa gleichzeitig — im Auftrag derselben Familie Bilgeri

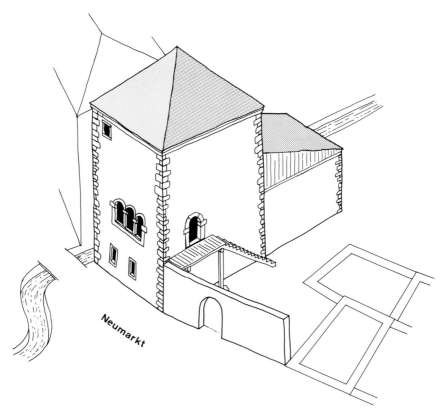

40　Neumarkt 5, «Bilgeriturm», Rekonstruktionsversuch des aufgestockten Turms, zweite Hälfte 13. Jahrhundert. Der Anbau «versteinerte» völlig. Zeichnung: Marianne Mathys, Daniel Berti, Zürich.

— entstandenen und schräg gegenüberliegenden «Grimmenturm» täuschend ähnlich (vgl. Kapitel 4.4). Zur selben Zeit wurde auch der palasartige, dreigeschossige Anbau an der Nordseite des Turms in Stein errichtet. Dieser nimmt die bachseitige Flucht des gassenständigen Turmkörpers auf und verdoppelt sie. Die bossierten Eckverbände wirken mit ihren unterschiedlichen Steinmassen recht unruhig. Verschiedentlich wurde die Meinung geäussert, es handle sich beim «Bilgeriturm» um dasjenige Haus «uf dem bach», das laut einer Urkunde vom 6. Januar 1276 auf offener Gant an einen Johannes Bilgeri verkauft worden ist. Hiebei ist aber zweifellos vom ältesten Bau des «Rechberg», Neumarkt 6, die Rede (vgl. Kapitel 4.5).

Im ausgehenden 13. Jahrhundert hat die Familie Brun ihren gleich westlich vom Bach befindlichen Besitz bekanntlich erweitert und ebenfalls aufgestockt. Wir vermögen heute nicht mehr zu entscheiden, welcher von den beiden — zu diesem Zeitpunkt mindest baulich sich rivalisierenden — Familien vorangegangen ist und wer nachgezogen hat. Die Bilgeri gehörten vor der Zunftrevolution zu den einflussreichsten Geschlechtern, nahmen sich doch im vorbrunschen Rat von 1336 von den insgesamt 36 Ratsstellen ihrer sechs ein. Sie wurden alle durch Brun ihrer Ratsstellen enthoben, darunter auch Heinrich Bilgeri aus dem Haus «auf dem Bach», der seit 1307 dem Rat angehört hatte. Werner Bilgeri, ein Sohn Heinrichs, gehörte zu den unversöhnlichen Gegnern Bruns; seine Teilnahme an der Mordnacht büsste er mit dem grausamen Tod der Räderung. Der «Bilgeriturm» verblieb trotz dieser Stürme der Familie Bilgeri, da er vom jungen Heinrich Bilgeri, dem Sohn eines schon 1343 verstorbenen Bruders Werner Bilgeris, bewohnt wurde.

Das aufgestockte Turmgeschoss weist noch immer eine Mauerstärke von gut 0,7 Meter auf. Anlässlich der Restaurierung von 1940 fanden sich unter dem Putz drei ursprüngliche Fenster. Just unter dem hochmittelalterlichen Dachgesims mit Hohlkehle und einer kleinen Fase liegt hart zur Südwestecke gerückt ein schlichtes Rechteckfenster. Gewände und Sturzstein sind gefast, der Sims ist gerade. Die Lichtmasse des gassenseitigen Fensters betragen 0,75 × 0,5 Meter.

Zur Wolfbachseite und zur Hofseite hin entdeckte man weiter zwei schartenartige Lichter mit spitzwinkligem Abschluss. Der Schlitz lässt nur eine Öffnung von 0,15 × 0,8 Meter frei. Diese für den zürcherischen Steinbau häufige Fensterform diente zur Belichtung und Belüftung von Innenräumen, welche in der Regel nicht bewohnt waren. — Die gotischen Lichter wurden 1986 geöffnet und gehören heute zum «Inventar» in der gediegenen Hottinger Turmstube.

Das Wohnhaus führender Familien

Eine bereits 1823 entdeckte Wandmalerei kam wenig später erneut hinter Täfer. Diese an der Ostwand des «Bilgeristübli» im ersten Obergeschoss sich befindliche Wandmalerei wurde bei der Renovation von 1940 erneut aufgedeckt: An einem Stab hängen an Ringen die Wappenschilde der Hausbesitzer von etwa 1380 bis 1529 und ihrer Gattinnen. Dazu gesellen sich erläuternde Umschriften über Verkauf und Erbgang des Hauses. Der rechte Rand ist zerstört. Als ersten nennt die Wappenfolge Johannes Störi (†1414), der mit einer Anna Bilgeri verheiratet war. Sein ebenfalls hier wohnender Sohn Heinrich Störi fiel während des Alten Zürichkrieges im Jahre 1445 in einem Gefecht bei Wollerau. Seine Witwe Elisabeth Furter wird mit ihrem zweiten Gatten Jakob Müller ebenfalls in der

41 «Bilgeriturm», erstes Geschoss: Bilgeristübli. Die Wandmalerei des frühen 16. Jahrhunderts wurde erstmals 1823 entdeckt und hernach erneut 1940. Seit damals ist sie wiederum hinter Täfer versteckt.

erwähnten Wappenfolge aufgeführt. Sie verkauften das Haus «auf dem Bach» um 1450 an Junker Hans Escher, Sohn jenes Götz Escher, der 1433 anlässlich des Romzuges Kaiser Sigismunds auf der Tiberbrücke in Rom zum Ritter geschlagen worden war und für seine Nachkommen — die sogenannten «Luchs»-Escher — einen Adelsbrief erhalten hatte. Hans Escher (†1491) war seit 1460 Ratsherr und verwaltete verschiedene städtische Ämter, doch wurde er anlässlich des Waldmannhandels seiner Stelle enthoben. Er hinterliess nur zwei Töchter, von welcher Elisabeth den «Bilgeriturm» erbte und ihn ihrem Gatten Siegfried von Griessen auf Schloss Wyden und Anton Schenk von Landegg zubrachte. Ihr zweiter Gatte veräusserte 1508 die Liegenschaft an Junker Jakob Grebel. Grebel sass ebenfalls im Rat und vertrat Zürich häufig als Gesandter, zum Beispiel 1516 beim Friedensschluss mit Frankreich. Obschon er nicht zu den Gegnern der Reformation gehörte, wurde er 1526 wegen Pensionennehmens hingerichtet. Sein Sohn Konrad Grebel war einer der geistigen Führer der Zürcher Täufer; eine Inschrift am Pilaster links vom Hauseingang erinnert daran, dass Konrad Grebel hier seine Jugend verbracht hatte. Der «Bilgeriturm» mit den zugehörigen Wohngebäuden gelangte nun wieder an die Luchs-Escher. Jakob Grebels Tochter Dorothea heiratete nämlich 1526 Junker Hans Konrad Escher. Die ältere Schwester Martha war seit 1519 mit Vadian, Joachim von Watt, dem Bürgermeister von St. Gallen, verheiratet. Escher besass die Gerichtsherrschaft Uitikon, nahm aber als Ratsherr regen Anteil an der Verwaltung des Zürcher Staates. Sein Sohn Wilhelm Escher (†1602) bekleidete wie sein Vater als Ratsherr verschiedene politische Ämter und erwarb zum väterlichen Erbe noch die Gerichtsherrschaft Sünikon im Wehntal. Vermutlich lebte auch noch Wilhelm Eschers gleichnamiger Sohn (†28.1.1637) im «Bilgeriturm».

Die Umbauten vor der Mitte des 16. Jahrhunderts

1543 wurde die gartenseitige Fassade des Palas von spätgotischen Fenstern durchbrochen, einem Kreuzstockfenster im ersten und einem fünfteiligen Fensterwagen (heute nur noch dreiteilig) im zweiten Obergeschoss. Beide sind mit 1543 datiert und zeigen dasselbe Steinmetzzeichen eines unbekannten Meisters. Überhaupt scheint 1543, damals war der Turmkomplex im Besitz von Junker Hans Konrad Escher (vom Luchs), die mittelalterliche Enge der im Osten an den Turm anstossenden Häuser gesprengt worden zu sein, wie der neuerstellte Ostannex an den Palas und die Kreuzstockfenster an der ganzen rückseitigen Fassade deutlich machen.

Damals gelangten die zwei spätmittelalterlichen Steinbauten und die dazwischenliegenden Hofbauten östlich von Turm und Palas unter ein gemeinsames Satteldach. Letzteres erkennen wir deutlich auf dem Stadtprospekt von Jos Murer (1576). Die beiden Steinbauten bildeten mit ihrer Ostmauer die Grenze zum «Adlerberg», Neumarkt 7, hin. Der ältere der beiden Bauten, ein gassenständiges Steinhaus des 13. Jahrhunderts, wies einen langrechteckigen, leicht trapezoiden Grundriss auf (6,0 × 10,0 × 5,8 × 9,6 Meter). Im späten 13. oder frühen 14. Jahrhundert wurde ein gartenseitiges Steinhaus mit leicht grösserem Grundriss quer daran angelehnt. Die Höhe beider Häuser kennen wir nicht; ihre aufgehenden Mauern wurden beim Bau des Zunfthauses «Zur Schuhmachern» weitgehend abgetragen. Der Binnenbereich zwischen Turm und Palas und den eben erwähnten Steinbauten war der Ort der Erschliessung des Turmes mit Annex. Sicher aber gab es darin noch verschiedene Ökonomiebauten, von denen wir nichts wissen. Von den Erben des 1637 verstorbenen Wilhelm Escher erwarb Hans Kaspar Wolf (1596 bis 1654), Zunftmeister der Schiffleuten, das Haus noch im selben Jahr. Durch Erbgang gelangte dann der «Bilgeriturm» an den Sohn, Landschreiber Salomon Wolf (1621 bis 1662), und schliesslich durch dessen Tochter an ihren Gatten Beat Holzhalb (1638 bis 1709). Holzhalb hatte eine sorgfältige Erziehung genossen und widmete sich völlig dem Staatsdienste. 1677 war er zürcherischer Gesandter zu Kaiser Leopold, später wurde er Zunftmeister zum Kämbel und Landvogt auf der Kyburg und in Baden. Die Holzhalb waren im 17. Jahrhundert eine der einflussreichsten Familien Zürichs; doch zeigte sich nach 1700 in diesem Geschlecht eine merkwürdige Erschlaffung, die sich auch bei den Besitzern des «Bilgeriturmes» bemerkbar machte. Auf den tatkräftigen Beat folgte sein Sohn Heinrich (†1724), der Landschreiber war und lediglich Mitglied des Grossen Rates wurde, und der Enkel Heinrich Holzhalb, der schon 1734 im Alter von 31 Jahren unter Hinterlassung eines jungen, wohl nicht sehr lebenskräftigen Sohnes starb. Der Vormund verkaufte daher am 26. Januar 1742 die Liegenschaft an die Schuhmachernzunft, welche die Absicht hatte, aus dem Turm und dem östlich anstossenden Wohnhauskomplex ein repräsentatives Zunfthaus zu bilden, das sich neben den Häusern der Schwesterzünfte zeigen lassen durfte, denn bisher hatten die Schuhmacher ihr Lokal in einem Hinterhaus der Stüssihofstatt 7 («Silberschmitte» resp. «Alte Schuhmachern»). Damit erfuhr die Liegenschaft am Neumarkt einen starken Wandel ihrer Geschicke, denn während des halben Jahrtausends, das wir bisher überblicken konnten, hatte es als Wohnhaus führender Familien gedient, deren Schicksal eng mit der Geschichte Zürichs verbunden war.

Vom Zunfthaus «Zur Schuhmachern» (1742) zur «Eintracht»

Über die Vorgängerbauten des Morfschen Zunfthauses «Zur Schuhmachern» wissen wir nur soviel, dass sich zwei ältere Kernbauten an dieser Stelle befanden. Um die finanziellen Mittel nicht ganz zu erschöpfen, entschloss sich die Zunft 1742 zum Umbau einer Liegenschaft. Die Wahl fiel auf das Haus «am Bach» am Neumarkt, im Besitze der Familie Holzhalb, weil es nicht nur in einem vornehmen Wohnquartier gelegen war, sondern auch die Möglichkeit bot, einen grosszügigen Zunftsaal einzubauen, der den neuen und allgemein Bewunderung erregenden Sälen der Zimmerleuten und der Saffran nicht nachstehen sollte.

Als die Zunft 1742 David Morf den Auftrag für den Umbau zu einem Gesellschaftshaus erteilte, war der Neumarkt eine von spätmittelalterlicher Architektur geprägte Wohnstrasse mit schmalen, hohen Häusern, die Fenster eng aneinander gereiht. In diese Umgebung stellte Morf, ohne Rücksichtnahme auf das bereits Vorhandene, eine barocke Schaufassade. Sie ist in sieben Fensterachsen unterteilt. Das niedrige Erdgeschoss übernimmt eine Sockelfunktion und diente zur Einrichtung von Läden. Hier wie im ersten Obergeschoss findet sich noch Bausubstanz der weitgehend abgetragenen Vorgängerhäuser. Vier ionische Kolossalpilaster in Marmortönen verbinden das niedrige erste und zweite hohe, den Zunftsaal enthaltende Stockwerk, und die Fenster sämtlicher Achsen werden durch Füllflächen, Bekrönungen und Brüstungsmauern miteinander verbunden. Die Bedeutung des oberen Geschosses markieren die Fenster mit ihren der Saffranzunft nachgeahmten profilierten Rahmen.

Die bauliche Leistung von Morf beschränkte sich mithin auf die gassenseitige Fassade, das Treppenhaus zum Zunftsaal im zweiten Obergeschoss und diesen selbst. Das Dach mit dem Segmentgiebel und den beiden Mansarden scheint bereits 1770 weiter ausgebaut worden zu sein. Mit der Turmstube im zweiten Geschoss des «Bilgeriturmes», welche sich zum Saal hin öffnet, wurde der Turm in den «Neubau» einbezogen. Die bei J.C. Uehlinger im «Panner am Neumarkt» um 1750 gezeichneten Fenster im dritten Obergeschoss, wie auch diejenigen im Erdgeschosssockel, gehen auf den Umbau und das Einbeziehen des Turmkörpers in das neue Zunfthaus «Zur Schuhmachern» zurück. Damals — so scheint es auch — hat man die Eckverbände des Turmkörpers mit einer streng geometrischen Quadermalerei «gefasst» und den Sockel mit illusionistischem Hausteinquadermauerwerk ausgezeichnet. Weiter erkennen wir auf der sorgfältig ausgeführten Darstellung die über zehn Meter hohe Mauerscheibe, die Geruchsschranke, zwischen der «Deutschen Schule» und dem «Bilgeriturm» («Schuhmachern»).

42 «Panner» am Neumarkt, Stich von Johann Caspar Uehlinger, um 1750. Am linken Bildrand die «Deutsche Schule» und hernach der «Bilgeriturm» mit dem angebauten Zunfthaus «Zur Schuhmachern». Original im Baugeschichtlichen Archiv der Stadt Zürich.

«Kurz nach der Einweihung des Zunfthauses im Jahre 1743» — schreibt Paul Guyer, an dessen gründlicher Besitzergeschichte wir uns historisch orientierten — «veranstaltete der Hausherr der Schuhmachern, der damalige Bürgermeister Johann Fries auf der Schuhmachern ein Konzert. Vermutlich konzertierten hier die Mitglieder der Gesellschaft auf dem Musiksaal, deren Präses Fries war. Ein zeitgenössischer Maler hat dieses Konzert im Bilde festgehalten, das uns heute noch als ein Ausdruck einer frohen, heitern Festlichkeit und Geselligkeit erfreut und entzückt.

Rund zwanzig Jahre später wurde auf Anregung von Johann Jakob Bodmer — der vor 1742 selbst einige Jahre in dem alten Haus ‹auf dem Bach› gewohnt hatte — am 1. Juli 1762 die ‹Historisch-politische Gesellschaft› auf der Schuhmachern mit einem Vortrag über den Sinn der Geschichte eröffnet. Eifrig wurde in dieser Gesellschaft junger Söhne aus regierenden Familien über Politik, Regierungsformen und Geschichte debattiert. Eine sich anbahnende Spannung zwischen Epikuräern und Asketen endete mit dem Sieg der letzteren, und bald dominierte hier völlig der asketische Geist dieser jungen, von Rousseau beeinflussten Republikaner, die treue Pflichterfüllung und Nüchternheit über alles stellten. Zu diesen Asketen gehörte auch der junge Heinrich Pestalozzi. Aber es herrschte doch ein befreiender Geist, denn ‹nur wer frei denkt, denkt wohl› — wie es hier im Kreise seiner Freunde der spätere Obmann Johann Heinrich Füssli aussprach — galt als Maxime.

Eine Spur dieses stolzen, pflichtbewussten und würdigen Republikanertums, das übrigens damals in den massgebenden Familien weitverbreitet war, findet sich noch in den Wahrsprüchen des Hauses ‹Nec temere nec timide, sed prudenter et generose› und ‹Sub umbra Dei›; es war eine Staatsauffassung, die sich ihrer Würde bewusst war, aber zugleich sich unter den Schutz Gottes stellte, dem sie ihre Würde und ihre Stellung verdankte.»

Beim Untergang der Alten Eidgenossenschaft lösten sich 1798 auch die Zünfte auf. Die Schuhmachernzunft veräusserte daher am 10. Oktober 1798 ihr Zunfthaus an den Krämer Johannes Gessner (1757–1819), von dem es sich auf den Sohn, Spezereihändler Johann Gessner (1796–1828) und den Enkel, Kreisgerichtspräsident Dr. iur. Heinrich Gessner (1822–1878), vererbte. Nach dessen Tod erwarb der Küfer Jakob Grob das Haus um 160'000 Franken, verkaufte es aber schon zehn Jahre später nur um 145'000 Franken an den deutschen Arbeiterbildungsverein «Eintracht». Die «Eintracht», wie nun das Gebäude genannt wurde, diente rund ein halbes Jahrhundert der Arbeiterbewegung als Vereins- und Gewerkschaftshaus.

43 Neumarkt 5, Konzert im Zunftsaal «Zur Schuhmachern» (2. Obergeschoss) im Jahre 1753. Gemälde in Zürcher Privatbesitz.

44 «Bilgeriturm» nach der Fassadenrenovation von 1940. Über dem Sockelgeschoss sind die Gewändereste der romanischen Dreierfenster sichtbar. Photo: Gallas, Zürich, 1941.

Von den zum Teil recht weitgehenden baulichen Eingriffen des 19. und 20. Jahrhunderts seien nur erwähnt die Zerstörung des alten Zunftsaales durch die Einziehung einer tieferliegenden Decke und die Beseitigung der wertvollen Turmöfen, die Veränderung des Treppenhauses — von der ursprünglichen Treppe ist nur noch der oberste Teil erhalten — und schliesslich 1920 die Öffnung der Turmstube und der Durchbruch des Saales zum anstossenden Haus «Zum Adlerberg», Neumarkt 7.

1888 hat man — gemäss der Zeit — im Turmsockel Schaufenster herausgebrochen. 1926 wurde für das Restaurant «Eintracht» im Turm ein kleiner Bierkeller ausgehoben und 1962 das Erdgeschoss — ohne archäologische Begleitung — über ein Meter abgetieft. Erst 1982 hat man hernach den Turm und den Palas völlig unterkellert. Damals fand sich nicht mehr die geringste Spur möglicher Vorgängerbauten ...

4.3 Die Häuser am Neumarkt 1 und 3 im Umfeld der späteren «Deutschen Schule»

Monumentenarchäologische Untersuchungen haben in diesem bedeutenden Hauskomplex zur Erhellung der Baugeschichte geführt.

Kernbauten / 1. Hälfte 13. Jahrhundert

Auf dem Areal Neumarkt 1 und 3 gab es in der ersten Hälfte des 13. Jahrhunderts drei freistehende Steinhäuser. Unmittelbar «uff dem Bach» stand, von der späteren geschlossenen Gasse abgerückt, ein zweigeschossiges Steinhaus mit Pultdach und einer Höhe von 9,5 resp. 6,3 Meter. Es besass einen trapezoiden Grundriss von 7,5 resp. 6 × 10 Meter, und die Mauerstärke betrug im Sockel 1 Meter, im Obergeschoss noch 70 Zentimeter. Das Zweischalenmauerwerk war mit Bollensteinen sorgfältig in Lagen gefügt. Sehr ausgewogen wirken auch die beiden erhaltenen bossierten Eckverbände der nördlichen Mauer. Die weich gebuckelten Läufer-/Bindersteine sind zwischen 0,6 bis 0,75 Meter lang und 0,25 bis 0,35 Meter breit und hoch. Erschlossen wurde dieses Haus durch ein ebenerdiges Rundbogenportal und einen Hocheingang mit geradem Sturz und schlicht geschrägtem Gewände. Das Erdgeschoss war über 4,2 Meter hoch.

Einen Teil der späteren Gassenflucht bildete der zweite Kernbau auf dem Grundstück der nachmaligen «Deutschen Schule». Dieser Bau über einem trapezoiden Grundriss von 6,5 resp. 4,5 × 8 Meter war auf zwei Geschossen aus Stein errichtet, könnte aber noch ein weiteres Geschoss aus einer Holzkonstruktion gehabt haben. Seine Westwand stösst an einen älteren Kern in der heutigen Liegenschaft Neumarkt 1. Von der ersten rückwärtigen «Mauer» fand sich keine Spur. Vielleicht bestand die hofseitige Wand aus Fachwerk. Von der ursprünglichen Architekturplastik blieb über dem gut 4 Meter hohen Erdgeschossraum in der Ostwand einzig der Hocheingang erhalten: ein schlichtes Rundbogenportal mit geschrägtem Gewände, das ohne Kämpfer in die Archivolte übergeht. Die Wand selbst ist gegen 0,8 Meter mächtig und besteht aus einem lagig gefügten Zweischalenmauerwerk mit Bollensteinen.

Älter als der eben beschriebene Kernbau ist jener des östlichen Hauses von Neumarkt 1; denn das jüngere Gebäude lehnt an die Südostecke des älteren an. Die massive Brandmauer Ost und der megalithische rohe Verband der Südostecke zeigen, dass das östliche Haus mindestens drei fest gemauerte Geschosse besass.

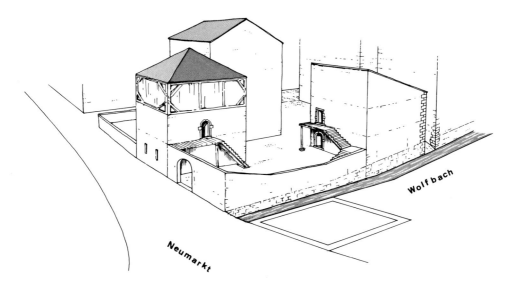

45 Neumarkt 3, «Deutsche Schule». In der ersten Hälfte des 13. Jahrhunderts gab es auf dem Areal Neumarkt 1 und 3 drei freistehende Steinhäuser am Wolfbach. Zeichnung: Beat Scheffold, Zürich.

46 Neumarkt 3, «Deutsche Schule». In der Ostwand des gassenseitigen Kernbaus aus der ersten Hälfte des 13. Jahrhunderts hat sich der spätromanische Hocheingang hinter neuzeitlichem Täfer erhalten.

Auch sein Grundriss bildete ein Trapezoid mit den Abmessungen 6, resp. 6,5 × 8 Meter. Die Rückwand bzw. die Nordmauer stiess an einen Hof, der seit der ersten urkundlichen Erwähnung bis heute seinen Stellenwert beibehalten hat.

Wir gehen davon aus, dass das östliche Grundstück zum Wolfbach und das westliche zum Neumarkt und zur späteren Froschaugasse hin von einer Hofmauer umgeben war, obwohl in den stark durchbrochenen und geflickten Fassadensockeln nichts mehr davon nachgewiesen werden konnte.

Die drei Kernbauten lassen sich aufgrund ihres Mauercharakters, ihrer Eckverbände und der Art und Beschaffenheit der Portale und Hocheingänge in die erste Hälfte des 13. Jahrhunderts datieren. Unter den dreien ist der Kernbau von Neumarkt 1 wohl der älteste.

Erweiterungsbauten / 2. Hälfte 13. Jahrhundert

Amtshaus des Klosters St. Blasien: Im Zusammenhang mit einem Tauschhandel wird 1274 als erster nachweisbarer Eigentümer der Liegenschaft Neumarkt 3 ein Oeggis erwähnt. Damals gehörte das Haus dem Kloster St. Blasien im Schwarzwald; denn dessen Amtmann im Zürichgau, Berchtold von Stampfenbach, hatte dieses Haus am Bach im Neumarkt («prope ripam Novi Fori») dem Kloster geschenkt. Es stellte einen Wert von 20 Mark Zürcher Silber dar. Am 10. Juni 1274 tauschte der Abt von St. Blasien dieses Haus mit Adelheit Mülner, der Tochter Jakobs Mülners und Gattin des Ritters Heinrich Brun, gegen Besitzungen in Stadel. Heinrichs Sohn — Jakob Brun († 1319) — erbte es. In den Urkunden von 1274, 1275 und 1281 sind nie zwei Bauten erwähnt, sondern die Liegenschaft wird in ihrer Ganzheit als «domus» angesprochen.

Besitz der Familie Brun:

Die Familie Brun leitete im letzten Viertel des 13. Jahrhunderts Um- und Neubauten in die Wege. Das Volumen des Vorderhauses wurde verdoppelt, das heisst, der Anbau Ost verlängerte die Gassenflucht und «rückte» bis zum Wolfbach vor. Der so erweiterte Bau hatte nun eine Fassadenbreite von gut 14 und auf der Wolfbachseite eine Haustiefe von gegen 10 Meter. Wie beim älteren Kern muss auch hier die hofseitige Rückwand aus Fachwerk bestanden haben. Der südöstliche Eckverband des aus Bollensteinen lagig gefügten Mauerwerkes ist aus Bossenquadern gebildet und steigt 8,9 Meter hoch. Die stark gebuckelten Läufer-/Bindersteine sind recht unterschiedlich dimensioniert; ihre Länge reicht von 0,6 bis 1,0 Meter, ihre Breite 0,3 bis 0,5 und die Höhe 0,2 bis knapp 0,5 Meter. Im zweiten Obergeschoss des Erweiterungsbaus findet sich bachseits ein liegendes Rechteckfenster mit 40 × 40 Zentimeter im Licht. Die Leibung und der Sturzstein sind geschrägt, der Sims verläuft gerade. Solche gedrungenen Fenster gab es in frühen Steinhäusern Zürichs im späten 12. und noch im 13. Jahrhundert.

Zwischen dem Areal Neumarkt 2 und dem 1220/30 errichteten und ebenfalls in der zweiten Hälfte des 13. Jahrhunderts aufgestockten «Bilgeriturm», Neumarkt 5, entstand eine enge «Schlucht» von 1,5 bis 2 Meter Breite und gegen 10 Metern Höhe. Dieses eindrückliche Ensemble städtischer Bauten ergänzte auf der südlichen Gassenseite der Baukomplex des späteren Hauses «Zum Rech», Neumarkt 4, dessen Ausbau seit dem frühen 13. Jahrhundert in ähnlichen Schritten voranging.

47 Neumarkt 3, «Deutsche Schule». Das illusionistische «Quadermauerwerk» der spätromanischen Giebelwand ist freigelegt. Die Farbigkeit des «opus sectile»-Dekors aus dem frühen 14. Jahrhundert lässt sich nur noch erahnen...

Erweiterungsbauten um 1300:

Auf der Nachbarliegenschaft zur späteren Froschaugasse hin standen im frühen 14. Jahrhundert zwei Häuser. Am 4. Januar 1302 verkauften Niclaus Ochs und seine Frau ihre Liegenschaft am Neumarkt zwischen den Häusern von Jakob Brun (Neumarkt 3) und Werner Vink (Eckhaus Neumarkt/Froschaugasse) an Johannes Hadlaub, den Minnesänger. Das Haus war gemeinsamer Besitz beider

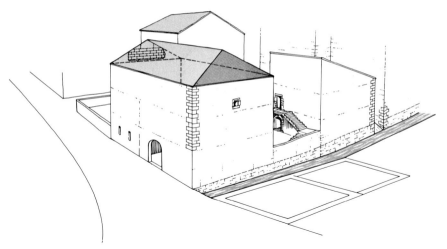

48 Neumarkt 3, «Deutsche Schule». Erweiterungsbauten in der zweiten Hälfte des 13. Jahrhunderts führten schrittweise zum Schliessen der Gassenflucht. Damals wechselte das Haus vom Kloster St. Blasien an die Ritterfamilie Brun über. Zeichnung: Beat Scheffold, Zürich.

Ehegatten, da Ochs seiner Frau bei der Hochzeit das halbe Haus als Morgengabe vermacht hatte. In der Urkunde wird noch festgehalten, dass die Fenster auf der Rückseite des Hauses, gegen das Höfli des Juden Josebelle, nie verbaut werden dürfen. Erst ein halbes Jahrhundert später geben die Steuerbücher wieder Nachricht über die beiden kleinen Liegenschaften, nennen aber andere Bewohner.

Frühe Wandmalerei in «opus-sectile»-Decor

Im Vorderhaus der Brunschen Liegenschaft wurde an der Giebelwand West kurz nach 1300 eine Malerei in Seccotechnik angebracht, die das Dachgeschoss zu einem repräsentativen Raum werden liess. Die Malschicht ist beinahe in der ganzen ursprünglichen Breite erhalten, sie wurde nur in ihren äusseren Partien links und rechts beschädigt (ca. 4,7 m breit und 2,9 m hoch). Die «opus sectile»-Malerei mit Giebelabschluss spiegelt aus regelmässigen Haussteinen aufgeführtes Mauerwerk vor, während die Mauer in Wirklichkeit aus verputzten Bollen- und wenigen Bruchsteinen gefügt ist. Die 32 hälftig versetzten «Quadersteine» tragen auf verschiedenen Grundfarben marmorimitierenden und figürlichen Maldekor. Unter dem Giebelfeld blicken sich zwei Drachen an. Gesamthaft sind die Farben sehr stark verblasst, und die Maloberfläche wurde bestochen. Die Grundfarben der Quader sind Rot, Grün, Ocker und Blau. Die Binnenzeichnungen sind in Schwarz oder einem dunkleren Ton der Hintergrundfarbe ausgeführt. Andersfarbige Schattierungen haben sich nur an ganz wenigen Stellen erhalten, sie werden jedoch im ursprünglichen Zustand häufig gewesen sein. Diese Technik der im Spätmittelalter als vornehm geltenden «opus-sectile»-Malerei geht letztlich auf antikes Erbe zurück. Im Haus «Zum Blauen Himmel», an der Oberen Zäune 19, fand sich eine bemalte Balkendecke, deren «opus-sectile»-Dekor zu den ältesten profanen Malereien in Zürich zählt und dem späten 13. Jahrhundert zuzuweisen ist. Die Balken tragen im Wechsel Felder, die in mannigfacher Weise durch ornamentale und figürliche Darstellungen belebt sind. Die Dielenbretter indes zeigen — eingebunden in regelmässig angeordneten Ranken — fünfblättrige Rosen. Neben den Köpfen der Menschen und Mischwesen steht eine Vielfalt von Netz- und Wellenbandmotiven, Imitationen einer Marmor-Inkrustation, wie wir sie auch bei den etwas jüngeren Wandmalereien im Haus «Zur Hohen Eich», an der Spiegelgasse 3, in den Zwischenbalkenfeldern im «Langen Keller», Rindermarkt 26, und eben in der «Deutschen Schule», am Neumarkt 3, kennen. Einfachere, nur durch rote oder weisse Fugenbemalung imitierte Quader finden sich in der näheren und weiteren Umgebung recht häufig. Im bereits erwähnten «Blauen Himmel» ist der «piano nobile», hier das erste Obergeschoss, kesselgrau gefasst und von einem schmutzigweissen Fugenstrich-«Raster» überzogen.

Auftraggeber dieser Malerei in der «Deutschen Schule» war Jakob Brun, der von 1298 bis 1318 im Sommerrat sass und von 1306 bis 1309 das Amt des Schultheissen versah. Er war es auch, der wohl etwa zur gleichen Zeit den rückwärtigen Kernbau um 5,8 Meter auf über 12 Meter aufstocken liess. Die kleinteiligen Läufer-/Bindersteine — es finden sich keine Masse über 0,7 × 0,3 × 0,3 Meter — weisen nun Randschlag und gepickte Spiegel auf. Der Steinbau erhielt ein Satteldach mit stehendem Stuhl, wie die Reste eines Schwellenrahmens mit Anblattungsaussparungen deutlich machen. Die feingliedrigen Eckquader des nunmehr viergeschossigen Steinhauses zeigen Randschlag und gepickte Spiegel.

Nach Jakobs Tod (1319) folgte sein Sohn Rudolf Brun (†1360) als Besitzer der Liegenschaft. Seit 1332 sass er im Fastenrat. Im Juni 1336 stürzte er als Haupt der vom Patriziat zurückgedrängten Ritterschaft und der nach Gleichberechtigung strebenden Handwerker das herrschende Patriziat und führte die Zunftverfassung ein. Rudolf Brun war der erste Bürgermeister Zürichs und liess sich auf Lebenszeit wählen.

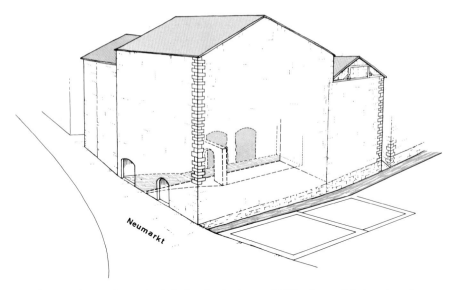

49 Neumarkt 3, «Deutsche Schule». In der ersten Hälfte des 14. Jahrhunderts kam es zum Zusammenschluss der beiden Steinbauten «uff dem Bach». Eine Rampe führte von der Gasse zum neugeschaffenen Keller. Zeichnung: Beat Scheffold, Zürich.

Erweiterungsbauten / 1. Hälfte 14. Jahrhundert

In der ersten Hälfte des 14. Jahrhunderts kam es zum Zusammenschluss des Vorder- und des kurz zuvor aufgestockten Hinterhauses, wie ein Pfostenfenster mit geschrägter Leibung im dritten Obergeschoss zur «Höfliseite» deutlich macht. Die bauliche Klammer zwischen den beiden Baukörpern brachte auch eine Aufstockung des gassenseitigen Hauses um 5,3 Meter. Der südöstliche Eckverband weist nun Quadersteine mit Randschlag und gepickten Spiegeln auf. Die Masse des Läufer- und Binderverbandes entspricht in etwa demjenigen der darunter anstehenden Bossenecke. Die Mauerscheibe am Bach ist mit Bruch- und Bollensteinen recht unruhig gefügt und greift um Mauerstärke auf das Satteldach des hinteren Kernbaus über. Im älteren Hausteil gegen Westen wurde eine Kellereinfahrt abgetieft. Eine Rampe mit etwa 22 Prozent Gefälle erschloss den knapp zwei Meter tiefer gelegenen, flachgedeckten Kellerraum von 9,5 Meter Tiefe, 3,5 Meter Breite und 4,3 Meter Höhe. In der Südostecke des ältesten Baus belegen drei Radialsteine eines Pfeilers aus Sandsteinquadern, dass hier eine Arkade mit einer Scheitelhöhe von etwa 3,5 Meter zum Keller geführt hat. Das andere Bogenauflager bildete die Zungenmauer des gassenseitigen Kernbaues. Das Abtiefen des Kellers erforderte statische Massnahmen am Nachbarhaus. So errichtete man zwei 4,7 Meter hohe und 2,75 Meter breite Blendarkaden, die sich auf eine breite Lisene aus Sandsteinquadern abstützen. Vom ältesten Kellerboden blieb nur eine Schmutz- und Mörtelbraue übrig, später finden wir auf demselben Niveau Mörtelguss- und Pflastersteinböden.

Aus den ersten Steuerrödeln von 1357 und 1358 geht hervor, dass Jakob von Ueberlingen neben Bürgermeister Rudolf Brun im Haus wohnte. Der Charakter der beiden nun überdeckten Kernbauten mit dem durch Lauben erschlossenen Binnen- oder Treppenhof, wie er sich bis in die Neuzeit erhalten hat, verweist deutlich auf zwei verschiedene Bewohner der Liegenschaft.

Die beiden Häuser am Neumarkt 1 müssen im 14. Jahrhundert ebenfalls erweitert worden sein. Johannes Hadlaub, der «Minnesänger», hatte 1302 bereits einen Nachbarn, dessen Haus die Ecke Neumarkt/spätere Froschaugasse markierte. Dieses westliche Haus wurde in der ersten Hälfte des 14. Jahrhunderts zum Höfli der Judenschule hin vergrössert. Der Bau, der an den ältesten Kern des östlichen Hauses anlehnt, war bis ins zweite Obergeschoss in Stein gefügt, was aus dem grossflächigen, rechteckigen Pfostenfenster mit den steilen Leibungsschrägen geschlossen werden darf. Sicherlich trug der Steinsockel des Erweiterungsbaus noch ein zusätzliches Geschoss aus Fachwerk. Wann der älteste Kernbau gegen Süden zum Neumarkt erweitert wurde, lässt sich nicht mit Bestimmtheit sagen. Es muss aber spätestens im ausgehenden 14. Jahrhundert geschehen sein.

Das Amtshaus des Stiftes Embrach

Propst Bruno Brun und Herdegen Brun, die Söhne des Bürgermeisters, und Albrecht Brun, sein Enkel, Sohn des verstorbenen Ritters Ulrich Brun, verkauften am 8. November 1363 ihr Vaterhaus «am Bach» um 400 Gulden an Friedrich von Berg — auch von Rocca genannt — und seine Brüder Jakob, Thoman, Albrecht und Manfrid. Diese waren Lamparter, das heisst aus Oberitalien stammende Geldverleiher. Sie wohnten wohl nie im Haus. 1370 werden hier eine Frau von Ueberlingen und ihr Sohn Hermann, vermutlich Witwe und Sohn Jakobs von Ueberlingen, als Mieter erwähnt. Vor 1383 veräusserten die «Lamparter von Luzern» ihr Zürcher Haus wieder. Am 3. März 1383 erklärten Bürgermeister und Rat von Zürich, dass sie den Kaufpreis von 150 Gulden vom Käufer eingenommen hätten und so lange behalten würden, bis die Lamparter ein anderes Haus gekauft hätten, wozu sie nach Stadtrecht verpflichtet seien. Käufer war der Salzmann Ludwig Keller. Der in den Steuerrödeln seit 1401 aufgeführte Hans Keller war vermutlich sein Sohn, ein reicher Mann, der Steuerbeträge um 20

50 1583 wird das nach der Reformation an die Stadt gefallene Amtshaus des Stiftes Embrach (1461–1524) zur «Deutschen Schule» umgebaut. Zeichnung: Beat Scheffold, Zürich.

Pfund zu entrichten hatte. 1439 vermachte er samt anderen Gütern auch sein Haus «auf dem Bach», genannt zur «Goldenen Kugel», seiner Frau Margareta zu Leibgeding. 1461 erbte Johannes Frei, Kirchherr zu Ottenbach, die Hälfte des Hauses, verkaufte sie aber bereits am 13. Juni gleichen Jahres um 75 Gulden weiter an Meister Eberhard Nellenburg, Propst von Embrach, und Herrn Lienhart Oettinger, Chorherr zu Embrach. Der andere Teil des Hauses gelangte um die gleiche Zeit in den Besitz des Stiftes Embrach. Die Liegenschaft wurde nun zum Amtshaus des Stiftes in der Stadt Zürich und erhielt nach dem Patron des Gotteshauses den Namen «St. Peter». In der Reformationszeit kam es 1524 bei der Aufhebung des Stiftes in städtischen Besitz.

Die «Deutsche Schule»

Am 10. Dezember 1556 hält ein Ratsbeschluss fest, dass «die grosse Stube und zwei Kammern im Embracher Haus einer Schulfrau, die man annehmen will, zugeordnet sind». Bereits am 17. März 1557 ist eine «Elsbetha Löwin als Lehrfrau der Töchter in der Grossen Stadt angenommen und ihr das Embracher

Haus zu St. Peter, das Rudolf Lavater bisher bewohnt, zu einer Schule eingeräumt». Als 1582/83 die Deutsche Schule — als Vorstufe zur Lateinschule für die sechs- bis achtjährigen Knaben — mit drei Klassen eingerichtet wurde, liess der Rat das Haus zu St. Peter dafür ausbauen.

Während unseren Bauuntersuchungen legten wir 1976 in den sechsteiligen Fensterwagen des zweiten und dritten Obergeschosses je eine Fensterstütze frei. In allen drei Stockwerken brachten die Fensterwagen Licht in die Schulstuben, die im südöstlichen Hausteil übereinander angeordnet waren. Die neuentdeckte Fensterstütze im zweiten Stock trägt die Jahrzahl 1583 und das Schriftband «ANTHONI OERI. BUMEISTER» über dem Familienwappen mit den drei Mohren. Im Jahre 1583 war Oeri (Stadt-)Baumeister und als solcher verantwortlich für den Umbau von «St. Peter» zum Schulhaus.

Auch die sandsteinerne Fensterstütze im dritten Stock ist mit der Jahrzahl 1583 datiert und zeigt das Schriftband «HANS KELLER. OBMANN» über dem Familienwappen mit dem Steinbock. Keller, seit 1573 Obmann gemeiner Klöster, war für die Finanzierung baulicher Massnahmen in säkularisierten Kloster- und Stiftsgütern zuständig.

Offensichtlich haben sich die beiden Männer mit diesen Architekturplastiken in der «Deutschen Schule» verewigen wollen. Ob sie die Rechnung des Steinmetzen aus der eigenen Tasche bezahlt oder mit öffentlichen Geldern beglichen haben, wissen wir nicht. Im Fensterwagen des ersten Obergeschosses fand sich nurmehr das Fragment eines sandsteinernen Kapitells. Dieses Überbleibsel ist von einer jüngeren, gemauerten Stütze ummantelt und liess sich keinem «Stifter» mehr zuordnen.

Der Schulmeister der obersten (3.) Klasse erhielt eine Wohnung im Hause, das fortan neben «Embracher Haus» und «St. Peter» vermehrt auch «Deutsche Schule» genannt wurde. Bis 1840 wohnten hier für zweieinhalb Jahrhunderte zwölf «Oberste Deutsche Schulmeister» (präzeptores).

1686 bot Präzeptor Ziegler der 1679 gegründeten Musikgesellschaft zum Fraumünster seine Schulstube in der «Deutschen Schule» für Zusammenkünfte an. Da der Raum aber bald nicht mehr genügte, beschloss die Gesellschaft 1693 einen Neubau beim Kronentor. Dieses Vorhaben scheiterte am Widerstand der Nachbarn. Daraufhin errichtete der Rat im Jahre 1700 einen Musiksaal auf dem dritten Stock der «Deutschen Schule». 1702 wurde dort eine Orgel eingebaut, Arbeit des Hans Jakob Messner von Rheineck. Das Neujahrsblatt der «Music-

Gesellschaft ab dem Music-Saal auf der Teutschen Schul» von 1713 zeigt einen hohen, langen Saal mit runden und länglichen Stuckrahmen an der Decke; die Orgel hat einen dreiteiligen Prospekt. Auf der Ansicht von 1761 erscheint an ihrer Stelle eine Orgel mit fünfteiligem Prospekt und innen bemalten Flügeltüren. Bei Umbauten kam 1725 ein zweiter Raum dazu. Breite Durchgänge mit reich geschmiedeten Gittern verbanden ihn mit dem Saal. Die Erneuerungsarbeiten kosteten 570 Gulden, und es wurden damals Orgel, Gitterwerk, Täfer und Schränke teils vergoldet, teils blau gefasst. — Spätestens in der 2. Hälfte des 19. Jahrhunderts hat man den Musiksaal ausgeräumt und so gründlich verändert, dass sich bei den Bauuntersuchungen keine Spuren der Ausstattung mehr fanden.

Im 17./18. Jahrhundert wurde über der «Deutschen Schule» ein neuer Dachstuhl mit einem Krüppelwalm in Nordsüdorientierung errichtet. Auf dem von J. C. Uehlinger um 1750 gezeichneten «Panner im Neumarkt» erkennen wir nicht nur die neue Dachlandschaft, sondern auch eine aufgemalte, strenge Quadergliederung und die über zehn Meter hohe Mauerscheibe, die erwähnte Geruchsschranke, zwischen der «Deutschen Schule» und dem «Bilgeriturm».

Eine getuschte Federzeichnung von J. J. Hofmann um 1750 zeigt auch am rückwärtigen Teil der «Deutschen Schule» eine Quadermalerei. Bei beiden Fassaden wurden die Bossen der Quadersteine abgeschrotet und auf grauem Grunde schwarze, 3 Zentimeter dicke Fugenstriche aufgemalt. Die illusionistischen «Quader» nahmen keine Rücksicht auf die ursprüngliche Steinlagen. Auf Hofmanns instruktiver Darstellung sieht man weiter das langgezogene Dach mit dem Krüppelwalm und einigen Schleppgauben. Es ragte aber — deutlich erkennbar — nur zur Hälfte über den alten rückwärtigen Kernbau. Am 22. Juli 1765 ergab ein Augenschein, dass das Dach gegen die Kleine Brunngasse, die heutige Froschaugasse, zu erneuern sei und der Fussboden in Präzeptor Dänzlers Stube und Nebengemach besser gegen Kälte isoliert werden müsse. Es wurde festgehalten, «dass die Träm (Trämmel = Balken) unter der Wohnstuben mit ruchen Läden beschlagen, der zwüschenraum mit trockenem Miess (Moos) ausgefüllt und die angeschlagenen Läden gegibsset werden möchten».

1773 wurde die Kunstschule, der Vorläufer der späteren Oberrealschule, gegründet und im zweiten und dritten Stock der «Deutschen Schule» mit drei Klassenzimmern untergebracht. Das Gutachten der Verordneten über die nötigen baulichen Veränderungen datiert vom 17. April 1773. Im zweiten Stock war das Zimmer der 2. Klasse zu renovieren, daneben musste die Laube zu einem weite-

51 Froschaugasse/Neumarkt, getuschte Federzeichnung von Johann Jakob Hofmann, um 1750; Original in der Zentralbibliothek Zürich. Blick von Nordosten. Im Mittelgrund links erkennen wir hinter dem gartenseitigen Anbau des «Bilgeriturms» die «Deutsche Schule» mit dem rückwärtigen Kernbau, welcher vom Krüppelwalm überdeckt wird.

ren Schulzimmer ausgebaut werden. Im Musiksaal waren keine Bauarbeiten nötig. Für die Erneuerung der Räume der «Deutschen Schule» im Erdgeschoss und im ersten Stock machte Maurermeister David Vogel am 12. Mai 1774 einen Kostenvoranschlag in der Höhe von 116 Gulden. In diesem Dokument erfahren wir interessante Hinweise zur Bautechnologie der frühen Neuzeit:

«Der Tremboden (Balkenboden) über dem grossen Keller auf der deutschen Schule liegt auf Tragsteinen, wovon auf der einen Seite die 3 hintersten zerbrochen sind, weil man auf der Laube über dem Tremboden Holz gespalten hat. Diese 3 Tragsteine muss man herausnehmen, und statt derselben neue von Eichenholz einsetzen, welche mit Theer oder in Ermangelung desselben mit heisser Wagenschmiere bestrichen werden sollten, um sie für der Fäulnis und Feuchtigkeit zu bewahren. Es ist höchst wichtig, dass schönes, glattes, unverleimtes Holz zu dieser Arbeit genommen werde, damit man vom Aufreissen des Holzes nichts zu besorgen habe.» Alle erwähnten Unterhaltsarbeiten wurden offenbar durchgeführt.

Interessant ist der Hinweis im Gutachten, dass sich die grosse Laube, der überbaute Hofbereich zwischen den beiden Kernbauten, im dritten Stock zu einem Schulzimmer ausbauen lasse.

Das «Gewerbe»-Haus im 19./20 Jahrhundert

Die Änderungen im Schulwesen zu Anfang des 19. Jahrhunderts machten andere Schullokalitäten erforderlich. Bis 1840 blieb das Haus zur «Deutschen Schule» noch die Wohnung eines Lehrers an den Stadtschulen. Am 2. Juni 1840 verkaufte der Staat das Haus auf öffentlicher Gant dem Salzknecht Hans Jakob Schweizer um 10 400 Gulden. Die Beschreibung im Kaufbrief lautet:

— «im Souterrain: ein sehr grosser Raum, gegenwärtig Magazin, ein kleiner Raum = Magazin, ein Keller nebst geräumigem Vorplatz, ein Höfli

— 1. Stock: grosses, heizbares Zimmer gegen Strasse, vormals Schulstube; eine sehr grosse Vorlaube mit Aschentolle; eine Kammer; 3 Abtritte; eine grosse Kammer gegen Wolfbach, gegenwärtig Holzbehälter, mit Ausgang gegen Höfli

— 2. Stock: eine geräumige, heizbare Stube gegen Wolfbach mit Alkoven; eine Küche; eine geräumige Kammer; ein Abtritt; eine geräumige, heizbare Stube gegen Strasse; ein kleines, heizbares Zimmer gegen Strasse; eine grosse Vorlaube

— 3. Stock: ein geräumiges, gewölbtes Zimmer mit eisernem Ofen gegen Strasse; eine geräumige Vorlaube; ein Abtritt; ein heizbares Zimmer gegen Wolfbach; eine grosse Kammer; eine kleine Kammer

— 1. Windenboden: ein grosser, auf einer Seite eingeschlagener Estrich; eine Plunderkammer

— 2. Windenboden: 1 geräumiger Estrich

— Kählboden».

Hans Jakob Schweizer liess eine bedeutende Reparatur des Hauses vornehmen, was den Versicherungswert 1842 von 8500 auf 14 000 Gulden steigerte. Der Sohn Johann Schweizer, Bürstenmacher und Salzknecht, verkaufte das Haus am 4. März 1858 dem Feilenhauer Jakob Hardmeyer von Zumikon. Hardmeyer baute sofort eine Schlosserwerkstatt ein, wodurch sich der Versicherungswert von 42 000 auf 49 000 Franken erhöhte. Am 3. Februar 1860 holte er bei seinem Nachbarn, Professor Heinrich Escher im «Burghof», Froschaugasse 4, die schriftliche Zustimmung für eine Aufstockung. Auch gestattete ihm Escher, den niedrigen, gegen den «Burghof» gerichteten Teil auf die gleiche Höhe zu bringen wie das übrige Haus. Mit dem Nachbarn Rudolf Hasler in der «Neuburg», Neumarkt 1, schloss er am 11. August 1860 einen Vertrag ab: die Fenster in der Aufstockung gegen die «Neuburg» durften bleiben, aber Hasler behielt sich vor, sein Haus später auch zu erhöhen und dann Hardmeyers neue Riegelwand mitzuverwenden. Durch diesen Umbau stieg der Versicherungswert auf 80 000 Franken.

Die Mauern wurden — ausschliesslich mit Tuffstein — gassenwärts um ein, hofseitig um zwei Geschosse aufgestockt. Licht beziehen die neuen Räume durch Rechteckfenster mit Sandstein- und Holzgewänden. Das Vorder- und das etwas niedrigere Hinterhaus besitzen ein Satteldach. Eine Dachterrasse auf der Gassenseite hat die Dachlandschaft später nochmals verändert.

Beim letzten Umbau entdeckte man am 5. April 1976 ein in die Mauer eingelassenes Holzkistchen, in dem sich ein Katechismus, eine Flasche Kernobstwein und ein Brief befanden: «Dieses Buch wurde eingemauert im Jahre 1868, den

52 Mit der Aufstockung von 1860 erreichte die seit 1840 zum Wohnhaus gewordene «Deutsche Schule» das heute noch erhaltene Bauvolumen. Zeichnung: Beat Scheffold, Zürich.

27. März, von dem Besitzer des Hauses. J. Hardmeyer von Zumikon kaufte dasselbe im Jahre 1858, liess es teils niederreissen und baute es um. Es ist für 97 000 Franken versichert. J. Hardmeyer hat gegenwärtig 5 Kinder: Albertine, 24 Jahre alt, Erhard, 22, Robert, 21, Jacob, 17, Adolf, 15.

Wir haben soeben ein trauriges Jahr, Hunger, Teuerung und Verdienstlosigkeit. Das letzte war aber noch schlimmer, denn die Cholera wütete zum 1. Mal in der Schweiz. Zwei Pfund Brot kosten nun 55 Cts. und das Fleisch 62 Cts. das Pfund. Die Flasche Wein neben dem Buch ist vom Jahrgang 1865, ein sehr glückliches Jahr. Dieses notierte Albertine Hardmeyer vor ihrer Abreise in ihre neue Heimat Mexiko — im März 1868, mit einem Gruss an die Leser dieser Zeilen.»

Durch verschiedene Umbauten stieg der Versicherungswert auf 101 000 Franken im Jahre 1860 und auf 140 000 Franken im Jahre 1875. Unter Hardmeyers Söhnen fand 1884 eine Erhöhung auf 148 000 Franken statt.

53 Neumarkt 3, neben dem eingerüsteten «Bilgeriturm» steht der mächtige Baukörper der «Deutschen Schule». Photo: Breitinger, Zürich, 1895.

Nach einer weiteren Handänderung erwarb die Stadt Zürich die «Deutsche Schule» am 3. Februar 1938 für 194 000 Franken.

«Kleinleute»-Häuser am Neumarkt 1 (16./20 Jahrhundert)

Von den beiden Nachbarhäusern am Neumarkt 1 fliessen die Nachrichten nicht so reichlich. Zudem hat die Verschmelzung der Bauten am Anfang des 18. Jahrhunderts zu einer fast vollständigen Ausräumung der gemeinsamen Brandmauer geführt, so dass baugeschichtliche Zeugnisse nur noch — allerdings auch da stark gestört — in der Fassadenhaut stecken.

Die Bewohner und Besitzer gehörten mehrheitlich dem Handwerkerstand an; es waren Schuhmacher, Schneider, Krämer und Zuckerbäcker.

Das westliche Haus an der Ecke Neumarkt/Froschaugasse wechselte am 8. Dezember 1588 für 683 Pfund und 6 Schillinge die Hand. Der neue Besitzer, ein Schneider Moses Brunner, erhielt 1594 einen Bauschilling von 160 Pfund, das bedeutet: ihm wurde für Bauarbeiten am Haus eine Subvention von 10 Prozent zugesprochen. Im Bevölkerungsverzeichnis von 1671 heisst das Haus «Zum Halbmond». 1690 heiratete der Zuckerbäcker Mathias Hofmeister Anna Nötzli, die Witwe seines Nachbarn. Wohl durch diese Ehe kamen beide Häuser zusammen.

Das östliche Haus, welches 1502 den Namen «Zur Welschen Blume» trug, wurde 1545 umgebaut und viergeschossig aufgestockt, wie die zur Gasse gerichteten spätgotischen Rechteckfenster mit dieser Jahrzahl und einem Steinmetzzeichen deutlich machen. Die beiden Fensterstützen, die wir im Zusammenhang mit dem jüngsten Umbau im zweiten Obergeschoss gegen den Neumarkt «freigelegt» haben, stammen sicher auch aus dieser Zeit, sind aber durch jüngere Eingriffe teilweise verstümmelt.

Der Stadtprospekt von Jos Murer zeigt die beiden Häuser 1576 unter einem gemeinsamen Satteldach. Das vierte Obergeschoss des westlichen Hauses bestand noch aus Fachwerk und wurde erst in den frühen neunziger Jahren des 16. Jahrhunderts in Stein ersetzt. Damals fügte man auch die spätgotisch gekehlten Rechteckfenster in die Schaufassade zum Neumarkt. Auf Murers Prospekt besitzt die «Welsche Blume» überdies einen gegen Süden gerichteten Dachaufbau für den Warenaufzug.

Seit 1682 wohnte der Chirurg Johannes Röuchli im nun zum «Mehlwüsch» genannten Haus. Nach seinem Tode heiratete 1690 dessen Witwe ihren fast gleichzeitig verwitweten Nachbarn im Eckhaus gegen die Froschaugasse, den Zuckerbäcker Mathias Hofmeister. Nach dem Tode des Ehepaares erbte vermutlich ihr einziger Sohn, der Zuckerbäcker Hans Rudolf Hofmeister, das Haus.

Sichere Nachrichten liefert erst wieder die Volkszählung 1756, durch die erstmals der Hausname «Zur Neuburg» bezeugt ist. Im Bevölkerungsverzeichnis von 1780 werden in der «Neuburg» sieben Öfen vermerkt.

Drei Umbauten im 19. Jahrhundert liessen den Versicherungswert schrittweise ansteigen: 1837 von 10 300 auf 13 300 Gulden, 1880 von 54 500 auf 65 500 Franken und 1899 auf 87 500 Franken. 1899 wurde das Gebäude vom Erdgeschoss bis zum vierten Stock ausgekernt. Man zog neue Böden ein und erneuerte die Sockelzone beider Gassenfassaden und eine Anzahl Fenster.

Nach verschiedenen Handänderungen erwarb die Stadt Zürich am 17. April 1946 die «Neuburg» für 187 200 Franken.

4.4 Der «Grimmenturm», der «Lange Keller» und das Haus «Zur Traube», Spiegelgasse 29/ Rindermarkt 26/Neumarkt 2

Der mächtige Turm, der dank seiner erhöhten Lage den Neumarkt dominiert, wird 1324 erstmals urkundlich erwähnt. Über seine Entstehungszeit wurden schon wiederholt die verschiedensten Vermutungen aufgestellt. Nach seiner Lage als Eckpfeiler über der Senke des Neumarkts, «bildete er — laut Andreas Nüscheler (1878) — einen Bestandteil der zweiten Stadtbefestigung des 10./ 11. Jahrhunderts». Für Salomon Vögelin (1829) gehörte er gar dem ersten Stadtbering des 9. Jahrhunderts an. Diese Meinungen haben sich hartnäckig bis in die neueste Zeit gehalten. Zwar passten die gotischen Fensterpaare nicht so ganz in diese Datierung — sie wurden eben «in jüngerer Zeit» in den altersgrauen Turm eingesetzt...!

Was die Stadtmauer betrifft, so wissen wir seit den Altstadt-Kanalisationssanierungs-Befunden klar Bescheid (vgl. Kapitel 3). Es gibt nur einen Mauerbering, und der gehört dem 13. und frühen 14. Jahrhundert an. Was die Entstehung des Turmes anbelangt, so sind wir seit der umfassenden Sanierung von 1974/75 ebenfalls sicher. Der Turm mit dem palasartigen «Langen Keller» gehört der zweiten Hälfte des 13. Jahrhunderts an.

Die erste ausführliche Erwähnung des Grundstückes findet sich in einer Urkunde vom 28. August 1324. Damals teilten drei Angehörige der Patrizierfamilie Bilgeri ihren gemeinsamen Grundbesitz am Rindermarkt unter sich auf. Der Turm fiel an Heinrich Bilgeri, das anstossende Wohngebäude zum «Langen Keller» an seinen Bruder Johannes Bilgeri, während das an beide Gebäude anstossende, nur mit einem «Keller» bebaute Grundstück an ihren Vetter, Herrn Bilgerin Bilgeri «uf dem Bach» gelangte. Herr Bilgeri «uf dem Bach» wohnte im «Bilgeriturm» am Wolfbach (vgl. Kapitel 4.2). Die Urkunde ist von solchem Interesse — und deren Ausführungen und Auflagen konnten teilweise während der erwähnten Restaurierung am Baukomplex noch abgelesen werden —, dass wir sie hier auszugsweise im Originaltext vorstellen wollen: Es sind «die erbern lüte, her Bilgeri uf dem Bache, Johans Bilgeri der elter und Heinrich Bilgeri der elter, sine vettern, unser burger, mit einander überein komen willeklich, das si den turn, der gelegen ist an Steingassen, und das gesesse, so darzuo gehört, das man nemmet zem Langen Kelr, das si mit einander gemein hatten, geteilet hant in drije teile, als hienach geschriben ist. Und ist der eine teil der turn, als die vier muren begriffen hant, durch uf untz in das tach, und hört derselbe teil an Heinrich Bilgerin den vorgenanden. So ist danne der ander teil der Lange Kelr und das daruffe ist und das trothus und die kemnaten daruffe, und derselbe teil mit dem muren, so darzuo gehörent, ist dem vorgenanden Johans Bilgerin ze teile worden. So ist der dritte teil, der hern Bilgerin uf dem Bache angehört, der kelr, der da stosset an das ort gegen desselben hern Bilgerins huse; und mag ouch her Bilgeri oder sin nachkomen den teil buwen, als si wellen, also das man belibe mit dem, so da gebuwen wirt, under dem zeichen des vensters an dem turne, als es gegen dem bache gezeichent ist under dem dritten venster oben nider von dem turne, und das da nit hoher gebuwen werde. Und hört ouch zuo demselben teile hern Bilgeris das sprachus (Abtritt), das uf dem kelr stat, und der hof untz an das zeichen, das bi der tür ist enhalb, als es gezeichent ist, und dannanhin von demselben zeichen untz an den swirn (Grenzpfahl im Hof), der enmitten in dem hove stat; und von dem swiren untz an das inre ort des hoftores und ob der brawen (Braue, Rand oder Kante der Wölbung eines Torbogens) des inren gewelbes ob dem hoftor drije füsse untz an den Langen kelr hat her Bilgeri, ald swes der teil ist, gewalt ze buwenne, und gat sin gewer hinin in den hof ob dem vorgenanden hoftor zehen dumen elnen (vom Ellbogen bis zur Daumenspitze) lang, als es von der inren brawen des hoftores gemessen ist. Und sol der weg, da die zehen elne erwindent (enden), zwischent hern Bilgeris gewer und dem Langen Kelr beliben fünf dumen eln und eines vierden teiles einer eln an der witi, als ouch dü witi gemessen ist. Und sol ouch der hof hinden, der gemein ist ir aller drier von dem Langen Kelr untz an hern Bilgeris gewer beliben nündehalber dumen elnen wit. Und mag ouch her Bilgeri ald sin nachkomen, ist, das er buwende wirt, in den hof hinin, als sin gewer gat und vorgeschriben ist, das tachetrouf richten in den hof, der gemein ist, und sol im deweder teil des vor sin. Ouch sol man wissen, das der hof und der weg von dem tor hinin gemein ist allen drien teilen, und sol derselbe weg unbekümbert sin wan als verre, das man in sol niessen mit ritenne und mit ganne. Und suln die zwene teile, swes der turn ist und der Lange Kelr, die stegen, die bi dem Langen Kelre ufgat, machon mit ir beider koste. Und süln ouch den fuos der stegen setzen zuo dem ligenden venster, das an dem Langen Kelre bi der erden stat und als das zeichen ist gemachot, das gegen der hoftür stat, und sol dü stege mit namen nit breiter sin danne vier schuo. Ouch mag her Bilgeri ald sin nachkomen sinem vettern Johans Bilgerin, ald swes der Lange Kelr ist, einen weg geben dem Langen Kelre hin zu dem sprachus, ist das man im als liep darumbe tuon (einen Gefallen tun mag), und sol ouch der weg bi dem turn hingan und sol ouch in der höhi sin, als er jetzunt gerichtet ist. Es mag ouch her Bilgeri, ald swes der teil ist, sinem vettern Heinrich Bilgerin, ald swes der turn ist, zou dem vorgenanden sprachus ouch einen weg geben von dem turne, also mit namen das her Bilgeri den weg iurent siner gewer begeben und nicht inrent des hoves gewer, der ir aller drier gemein ist. Were ouch, ob her Bilgeri, ald swes der teil ist, eine mur ald einen pflasterzun von dem turne untz an den swirn und von dem swirn untz an das hoftor, als sin gewer usgemessen ist, machen wölte, des sol im deweder teil vor sin. Ouch sol man wissen, das der drier teilen jeglicher teil mag in des andern mur tremeln, als sitte und gewonlich ist, ane geverde, swa si zesamen stossent. Und hierüber das dis war und stete belibe und wan wir diz horten und sachen, so han wir dirre brieven drie geliche geschriben mit unser stat insigel besigelt offenlich.»

Dieser Brief enthält für den Bauhistoriker wichtige Nachrichten, die wir im folgenden in den monumentenarchäologischen Beschrieb aufnehmen und deuten wollen.

Der Turmbau von Heinrich Bilgeri / Zweite Hälfte 13. Jahrhundert

Über einem trapezoiden Grundriss von 8,3 × 13,4 × 10,0 × 12,3 Meter entstand ein bis zum Dachgesimse gegen 24 Meter hoher Wohnturm. Die Mauerstärke des aus Bruchsteinmaterial gefügten Turmkörpers beträgt in der Regel um einen Meter. Die dem Neumarkt zugekehrte schmalste, aber repräsentativste Seite weist im Sockel und den darüberliegenden Geschossen eine Mächtigkeit von 1,8 bis 1,5 Meter auf. Die Turmecken sind «wehrhaft» ausgebildet. Die Bindersteine des kräftig bossierten, aber ausgewogen ruhig wirkenden Buckelquaderverbandes mit schmalem Randschlag erhalten zusätzlich immer noch einen weiteren Stein beigesetzt. Dies ist für viele Bauten des späteren 13. und frühen 14. Jahrhunderts geradezu typisch. Dieselbe Beobachtung haben wir ja für die zeitgleiche Aufstockung des «Bilgeriturm» gemacht (vgl. dort). Die Masse der Läufer-/Bindersteine betragen gegen 1 Meter Länge und um 0,4 bis 0,5 Meter Breite und Höhe.

Von verschiedenen Fenster- und Türgewänden, von den Bossenquadern und vom übrigen Mauerwerk des «Grimmenturm» nahmen wir insgesamt 34 Steinproben. Dieses Material wurde freundlicherweise von Herrn Prof. Dr. Francis de Quervain, dem ehemaligen Leiter des Instituts für Kristallographie und Petrographie der ETH, untersucht. Wir geben seinen Bericht in Ausschnitten wieder: «Schon die erste Durchsicht zeigte, dass mit einer Ausnahme Sandsteine der Oberen Süsswassermolasse vorliegen. Diese Sandsteine finden sich als mehr oder weniger dicke Bänke innerhalb der vorherrschenden Mergel im Felsuntergrund der Stadt Zürich, der Umrahmung des untern Seebeckens und der Höhen der Umgebung... Aufgeschlossen sind sie heute nur an wenigen Stellen und nur beschränkt, vor allem in den Bachtobeln. Öfters kann man sie temporär in Baugruben sehen. In einem alten Steinbruch am Loorenkopf bestehen noch Sandsteinwände... Nur wenige Vorkommen von meist beschränkter Ausdehnung erwiesen sich als genügend homogen und gesund, um daraus gleichmässige grössere Werkstücke auch für feinere Arbeiten herzustellen... Die Hausteinarbeiten an den Kirchen des späteren 12. und des 13./14. Jahrhunderts von Zürich (Grossmünster, Fraumünster, St. Peter, Augustinerkirche, Chor der Predigerkirche) sind aus granitischen Sandsteinen vom Obersee (und vereinzelt weitern Sandsteinarten der subalpinen Zone). Ganz offensichtlich galten diese Steinarten als allein geeignet oder würdig für diese Bauwerke. Teilweise Ausnahmen bilden nur das Mauerwerk des Südturmes des Fraumünsters (Mitte 12. Jahrhundert) und die Erhöhung des Chores des Grossmünsters (13. Jahrhundert), die offensichtlich nicht auf Sicht berechnet war. Hier finden sich unsere Sandsteine der Oberen Süsswassermolasse, jedoch in kleinformatigen, am Grossmünster auch sehr unregelmässigen Steinen, also nicht als eigentlicher Haustein.

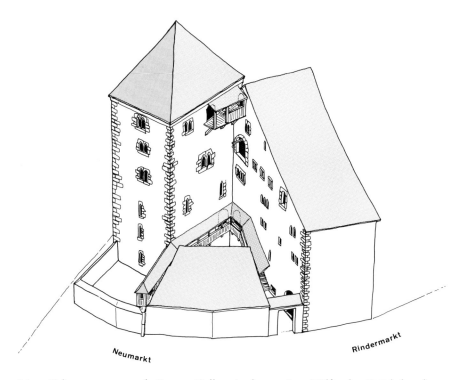

54 «Grimmenturm» und «Langer Keller» in der zweiten Hälfte des 13. Jahrhunderts. Der Bereich zum Gassenraum war ummauert und teilweise überbaut. Zeichnung: Marianne Mathys, Daniel Berti, Zürich.

Am Grimmenturm befindet sich die einzige mir zurzeit bekannte sichere Anwendung dieser Steinart an grossen Quadern und feineren Hausteinen auf Stadtgebiet. Man muss aber annehmen, dass diese Sandsteine als gewöhnliche Mauersteine an Bauwerken für profane Zwecke trotz den ungünstigeren geologisch-petrographischen Verhältnissen allgemeiner angewandt wurden. Dass sie aber für grossformatige Hausteinanwendungen billiger kamen als die vom Obersee hergebrachten granitischen Sandsteine, wäre eher erstaunlich.

Ich möchte die Erklärung ihrer Anwendung eher in Lieferschwierigkeiten der Steinbrüche am Obersee suchen, vermutlich durch zu grossen Steinbedarf der Stadt, was zur Anlage von leistungsfähigeren Steinbrüchen in den nahen Sandsteinvorkommen zwang. Daraus konnten dann bisweilen auch Steine für feinere Arbeiten abgegeben werden. Aus nicht in regelmässigem Betrieb befindlichen Molassebrüchen Steine für feinere Anwendungen zu gewinnen, ist ganz unwirtschaftlich. Warum man die für Mauerungen sich weit besser eignenden, auch unmittelbar am See gelegenen Plattensandsteine von Bäch an mittelalterlichen Bauten in Zürich nicht sieht, erscheint recht merkwürdig.

Wäre es denkbar, dass das Ungenügen der Oberseevorkommen mit dem grossen Steinbedarf der Kirchenbauten und vielleicht gleichzeitig der Stadtbefestigung zusammenhängt? Aus alten Darstellungen ist ersichtlich, dass für die Mauern und Türme der dritten (der auf seinem Gebiet so souveräne Francis de Quervain nimmt hier noch die alte Meinung auf) Stadtbefestigung neben Findlingsmaterial und Bollensteinen viele Quadersteine und weitere Hausteinobjekte aus Sandstein benötigt wurden. Ich vermute, dass man sich für die Befestigungen mit der geringeren Eignung der stadtnahen Sandsteinvorkommen abfand und dass man dazu verschiedene Steinbrüche neu anlegte. Zeitweise konnten daraus auch private Bauwerke wie der Grimmenturm beliefert werden. Ob diese Gedanken sich baugeschichtlich stützen lassen, kann ich nicht beurteilen.»

Der Steinuntersuchung kommt deshalb grosse Bedeutung zu, weil auch sie — auf naturwissenschaftlichem Weg — deutlich macht, dass die drei weithin sichtbaren gekuppelten Spitzbogenfenster der Nordostfassade, wie überhaupt fast alle Öffnungen ausser den Einbrüchen des 19. Jahrhunderts, zum ursprünglichen, ältesten Bestand gehören.

Erschlossen wurde der Turmbau einerseits von der Stein- bzw. der heutigen Spiegelgasse und andererseits vom Höfli bzw. dem Rindermarkt her. Je ein schlichtes Rundbogenportal, dessen Gewände ohne Kämpfer in die Archivolte übergeht, führte — längs der westlichen Brandmauer — in den ersten Stock des sechsgeschossigen Turms. Zum Rindermarkt hin lag die durch jüngere Eingriffe zerstörte Schwelle des etwa 1,8 Meter hohen und 1 Meter breiten Hocheingangs gegen 4,5 Meter über dem Höfli. Das Gewände ist hier schlicht geschrägt. Auf der gegenüberliegenden Seite lag der ohne Schräge ausgestattete und nur 0,8 Meter breite Eingang etwas weniger hoch über dem Boden. Vom heutigen, steil ansteigenden Spiegelgässchen beträgt die Schwellenhöhe etwa 2 Meter, aber gerade in diesem Bereich ist die Südostecke des Turmes in die Gasse «versunken», bzw. die ursprüngliche Topographie durch Aufschüttungen kaum mehr nachzuvollziehen. Der Niveauunterschied zwischen der rückwärtigen Steingasse und dem zum Rindermarkt führenden Höfli betrug im 13./14. Jahrhundert schon sicher über einen Meter.

Die Schaufassade gegen Nordosten, «gegen dem bache», wies drei von unten nach oben eingemittete Lichtschlitze auf. Diese Lichter haben einen spitzwinkligen Abschluss und weisen eine schlichte Gewändeschräge und einen geraden Sims auf. Bei einer Höhe von beachtlichen 1,5 und 0,3 Meter Breite wird der Lichteinfall durch abgeschrägte Fenstereinschnitte — die meist weiss gekalkt waren — nach innen noch verstärkt. Über diesen grossen Licht- und Luftscharten folgen drei gekuppelte Spitzbogenfenster, welche heute Licht in den vierten bis sechsten Stock bringen. Die steil geschrägten Fensterpaare des vierten und fünften Obergeschosses sind leicht gegen Norden aus der Achse gerückt. Die oberste Masswerk-Bifore mit dem Okulus — einem zwischen den Spitzbogen eingemitteten Loch-(Fenster) — weist Nasen auf, wodurch eine kleeblattähnliche Form entsteht. Ein gleiches Fenster fand sich übrigens im Haus «Zum Güggel», am Rindermarkt 22. Bei den überall erhaltenen Sitznischen zu diesen Zwillingsarkaden fällt auf, dass dieselben zu Estraden werden: d.h., dass der Teil des Fussbodens in denselben gegenüber demjenigen im Raum erhöht ist.

1981 konnten anlässlich einer Renovation im obersten Geschoss des Wohnturmes erste Befunde zur ursprünglichen Innenausstattung dokumentiert werden. Die sorgfältigen Freilegungsarbeiten an der Ost- und Westwand haben an wenigen Stellen ein helles Kesselgrau mit weissem Fugenstrich als älteste Fassung gezeigt. Die beiden Fensterleibungen werden aus sauber verlegten Sandsteinquadern mit Steinmetzzeichen und Fugenstrich im Versatzmörtel gebildet. Überdies fanden sich an einigen Stellen in der Südostecke Störungen, Verschmutzungen und Negative in der Graufassung, welche deutlich machen, dass hier in der Ecke eine Holzkonstruktion, eine Art Podest, gestanden hatte, deren Funktion wir nicht kennen.

Diese drei obersten Fenster werden im Teilungsvertrag genannt. Laut diesem war Herr Bilgeri «uf dem Bache» ermächtigt worden, anschliessend an den Grimmenturm ein Haus zu bauen, das in seiner Höhe aber unter dem dritten Fenster des Grimmenturmes bleiben sollte. Diese Bauhöhe ist bis heute eingehalten worden.

Die Höflifassade wies neben dem schon erwähnten Hocheingang im zweiten und dritten Obergeschoss je zwei zum Teil mit bossierter Schauseite versehene Lichter auf. Hier sind sie gegen die Ecken gerückt. Im vierten Obergeschoss brachte ein eingemitteltes Spitzbogenfensterpaar Licht. Das einfache Rechteckfenster in der östlichen Hälfte des fünften Geschosses ist von einem Fenster des 19. Jahrhunderts bis auf den Sturzstein zerstört worden. Im obersten Stock findet sich wiederum ein noch heute offenes gekuppeltes Spitzbogenfenster. Daneben liegt die ursprüngliche Aufzugsöffnung mit einem gotischen Schulterbogen als Türsturz. Es ist bislang das früheste Beispiel einer solchen Türform. Das nächstjüngere ist das Erdgeschossportal, welches in den hinteren Kernbau des «Paradies», Kirchgasse 38, führt und dem zweiten Viertel des 14. Jahrhunderts angehört. Auf alten Aufnahmen ist diese dem Lagergut vorbehaltene Türe im rechten Obergeschoss durch einen balkonartigen Holzvorbau verdeckt. Rotverbrannte Steine an dieser Stelle beweisen, dass diese Hilfskonstruktion einmal gebrannt hat. Im «Langen Keller» ist übrigens auf derselben Höhe ein ursprünglicher Zugang ins Dachgeschoss zu beobachten. Es ist sehr wahrscheinlich, dies machen die Brandausglühungen auf dem Steinmaterial deutlich, dass die Aufzugsvorrichtung gleichzeitig für beide Häuser gebraucht worden ist und die Gebäudeecke durch eine Laubenkonstruktion verbunden gewesen ist.

Über die südwestliche Turmmauer, welche vom bergseitigen Anbau weitgehend verdeckt wird, wissen wir nur soviel, dass im obersten Geschoss zwei schmale, rechteckige Lichter und im darunterliegenden ein Schlitz mit dreieckigem Abschluss über der Dachhaut des Aufbaus noch im letzten Jahrhundert geöffnet waren.

Die südöstliche Fassade zur schmalen Stein- bzw. heutigen Spiegelgasse ist wie diejenige der Höfliseite am stärksten durch die Einbauten von Fenstern des späteren 19. Jahrhunderts beeinträchtigt. Es liessen sich aber bei unseren monumentenarchäologischen Untersuchungen neben dem Hocheingang im ersten Obergeschoss ein schmales Licht und in den drei darüberliegenden Geschossen vier weitere solche schartenförmigen Fenster mit spitzwinkligem Sturzstein dokumentieren.

Für das sechste Geschoss können keine gesicherten Angaben gemacht werden; möglich ist, dass sich hier — zur Südostecke gerückt — ein schlichtes Rechteckfenster befand, wie eine frühe Photographie um 1865 vermuten lässt. Über die älteste Dachform sind wir nicht orientiert. Anlässlich der Restaurierung von 1974/75 zeigte es sich beim Abbruch des Zinnendaches von 1873, dass das steinerne Hauptgesims, bestehend aus einer Hohlkehle und einer breiten Stirnplatte mit kleiner Fase, nur noch in den unteren Partien die originale Substanz aufwies. Die fehlenden Teile wurden 1873 mit Backsteinen aufgemauert und verputzt. Die alten Gesimsteile zeigten Reste einer roten, grauen und schwarzen Polychromierung. Dieselben Farbspuren konnten auch auf den Gewänden der gekuppelten gotischen Fenster an der Hauptfassade zum Neumarkt resp. «zum Bach» hin nachgewiesen werden.

Solche Farbfassungen an der Aussenseite früherer Steinbauten müssen wahrscheinlich gar nicht so selten gewesen sein, auch wenn wir dies heute kaum mehr

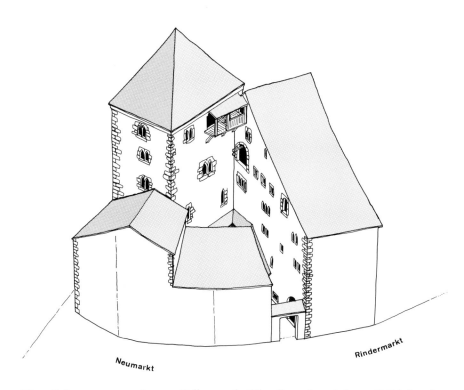

55 «Grimmenturm», «Langer Keller» und «Bilgerihus» im mittleren 14. Jahrhundert.
Zeichnung: Marianne Mathys, Daniel Berti, Zürich.

feststellen können. Sie sind Ausdruck eines höfischen Gebarens gewisser Schichten, wie es für das Mittelalter ganz selbstverständlich war.

Die Datierung dieses repräsentativen Wohnturms im von uns beschriebenen «höfischen Kern» am Neu- und Rindermarkt kann aufgrund der monumentenarchäologischen Befunde und der kunstgeschichtlichen Kriterien in die zweite Hälfte des 13. Jahrhunderts gerückt werden. Da 1324 drei Vettern Bilgeri die bisher gemeinsam besessene Liegenschaft mit Turm und Wohnhaus zum «Langen Keller» aufteilten, können wir annehmen, dass sie schon im Besitz des Grossvaters Heinrich Bilgeri gewesen war, der von 1256 bis 1280 dem Rat angehörte. In ihm sehen wir denn auch den Auftraggeber dieses Wohnturmes, welcher in seiner Zeit sicher viel zu reden gegeben hat...

Die Bilgeri waren im späten 13. und Anfang des 14. Jahrhunderts die bedeutendste bürgerliche Patrizierfamilie. Ihr Machtstreben musste sie bei der Brunschen

56 Blick von Norden in das «Höfli vor dem Grimmenturm» und dem «Langen Keller», 1964.

ste bürgerliche Patrizierfamilie. Ihr Machtstreben musste sie bei der Brunschen Umwälzung bitter bezahlen. Alle Bilgeri wurden aus dem Rat gestossen und zum Teil verbannt; einzelne Glieder nahmen am erfolglosen Versuch, das Regime von Brun in der Mordnacht 1350 zu stürzen, teil. Rudolf Bilgeri, genannt Losser, fiel im Kampf; zwei weitere wurden hingerichtet. Damit war die Stellung dieser Familie endgültig zerbrochen.

Der «Lange Keller», ein palasähnlicher Anbau

Der «Lange Keller» gehört einer jüngeren Bauphase an, welche aber mit grösster Wahrscheinlichkeit dem Turmbau unmittelbar folgte. Der überaus lange, leicht trapezoide Grundriss hat die Masse von 8,2 × 16,7 × 6,3 × 20,3 Meter. Seine Südostecke stösst übereck an diejenige des «Grimmenturm». Gegen Westen lehnt der «Lange Keller» zur Hälfte an den Kernbau des «Schneeberg», Rindermarkt 27. Die Eckverbindungen zur Gasse hin sind aus kräftigen Bossenquadern mit schmalem Randschlag gebildet. Hier wie beim «Grimmenturm» ist den Bindern zusätzlich immer noch ein weiterer Stein beigesetzt. Das Baumaterial der knapp 0,8 Meter mächtigen Mauern besteht aus Bruchsteinen. Ein Satteldach stieg schon damals auf der heutigen Höhe vom gassenseitigen vierten zum sechsten Obergeschoss und wies gegen Süden eine kürzere Dachfläche auf. Der Teilungsvertrag umfasst diesen Bau mit den Worten: «... der Lange Kelr und das daruffe ist und das trothus und die kemnaten daruffe, und derselbe teil mit dem muren, so dazuo gehörent...».

Einzig in der zum Höfli orientierten Fassade konnten 1974 monumentenarchäologische Beobachtungen gemacht werden. Im Erdgeschoss, im ersten und zweiten Obergeschoss sind die früheren Öffnungen durch die Vielzahl der Fenster gewerblich genutzter Räume im 19. und 20. Jahrhundert ausgeräumt worden. Dies ist gerade für das zweite Obergeschoss sehr schade, da sich ja an dessen Westwand die weiter hinten zu beschreibende berühmte Wandmalerei aus dem ersten Viertel des 14. Jahrhunderts sich befand. Einzig eingemittet im ersten Stock fand sich das Fragment eines spitzwinkligen Lichts.

Diese Lichter mit Sandsteineinfassungen dienten meist zur Belichtung und Belüftung von Innenräumen, welche nicht ganzjährig bewohnt waren. Wir schliessen es nicht aus, dass hier bis ins erste Obergeschoss ein «langer» und überhoher «Keller» sich befunden hat; ein Lager- und Stauraum für Waren unbekannter Art. Eine ähnliche Beobachtung konnten wir 1983/84 im «Roten Ochsen», Storchengasse 23, machen. Im älteren Mauerverband fanden sich fünf zum Teil ausgezeichnet erhaltene gotische Fensterschlitze aus der zweiten Hälfte des 13. Jahrhunderts. Sie befinden sich im Bereich der Nordwestecke und gehören zu einem hofseitigen hohen Lagerraum im ersten Obergeschoss. Dieser Raum wies wahrscheinlich noch eine hölzerne Galerie auf, wie die leicht versetzt und übereinander angeordneten schmalen Maueröffnungen vermuten lassen. Ausdehnung und Höhe des überdurchschnittlich grossen Steinhauses «Zum Roten Ochsen» — es erreichte etwa die Grundrissmasse des «Langen Keller» — sowie die spätere Wandmalerei der ersten Hälfte des 14. Jahrhunderts lassen auf einen vermögenden Bauherrn und reichen Besitznachfolger schliessen. Die erste Erwähnung des Hauses findet sich im Steuerbuch von 1357. Damals gehörte es der «Brechterin», die es aber vermietet hatte. Ihr Gatte war Kaufmann gewesen und gehörte zu den «Seideneinungern», welche die Aufsicht über das Seidengewerbe hatten. Er war seit 1320 auch Mitglied des Rates, schied aber 1336 während der Brunschen Umwälzung durch Tod aus. Auch sein Sohn Wolfhart war von 1370 bis zu seinem Tod 1388 Ratsherr. Es ist möglich, dass der für uns namenlose Ahnherr von Wolfhart, vielleicht durch Seidenhandel reich geworden, der Erbauer der Liegenschaft Storchengasse 23 war.

Wir wissen nicht, wie die Bilgeri zu ihrem Reichtum kamen. Wahrscheinlich betrieben auch sie Handel; Handel mit Gütern, welche im «Langen Keller» zwischengelagert wurden... Im dritten Obergeschoss finden wir die in Zürich eher seltene Form des spitzbogigen Dreierfensters und im fünften Obergeschoss schliesslich die Reste einer spitzbogigen Bifore. Die Öffnungen im vierten und im obersten Geschoss lassen eher auf eine gewerbliche Nutzung oder wiederum auf Lagerhaltung schliessen. Das vergleichsweise riesige Rundbogenportal mit einer lichten Weite von über 3 Meter Höhe und Breite und die relativ grossen drei Rechteckfenster, welche in regelmässigem Abstand zur gassenseitigen Hausecke hin sich verteilen, sowie ein weiteres sich anschliessendes kleineres Portal könnten zu einem Manufakturbetrieb gehören. Es sind dies Vermutungen, und es liegt nun an den Historikern, solche baugeschichtlichen Befunde aufzunehmen.

Nicht nur die auf die verschiedenen Nutzungen hinweisende Fensterordnung sondern auch die eigens hervorgehobenen «kemnaten», die heizbaren Wohnräume in einem Steinhaus, lassen einen Bau von behaglichem Komfort vermuten.

Die Wandmalerei im «Langen Keller»

Hochberühmt wurde der «Lange Keller» 1932/33 durch die Entdeckung der Wandmalereien an der Westwand im zweiten Obergeschoss: Wir geben zur

Beschreibung derselben das Wort an Lucas Wüthrich, welcher in seinem Katalog «Wandgemälde — Von Müstair bis Hodler» (1980) den Bestand an abgelöster und im Schweizerischen Landesmuseum befindlicher Wandmalerei vorbildlich vorstellt:

«Es fanden sich an der Wand 4–5 verschiedene Malschichten. Die älteste gehört dem frühen 14. Jahrhundert an. Nur sie allein wurde erhalten. Darüber lag eine religiöse Malerei, von der noch kenntlich waren (von der rechten Begrenzung an): Kopf und Hand des hl. Franziskus neben Baum (Stigmatisation) und Teile der Flügel des Engels; die hl. Klara, ein Heiliger mit Buch (evtl. Magnus); eine Kreuzigung Christi (erhalten Querbalken des Kreuzes, ein Teil des Nimbus von Christus, rechts Johannes). Diese Schicht gehörte dem späten 15. Jahrhundert an. Sie wurde überdeckt von grossen Rechteckfeldern mit Bollenfriesen und nach oben auswachsenden stilisierten Blumensträusschen aus der ersten Hälfte des 16. Jahrhunderts. Vergleichbar sind die 1976 im Haus ‹Zur Sichel›, Rindermarkt 9, entdeckten Wandgemälde, die in ähnlicher Art gehalten sind. Die 17 Rottannenbalken der Decke waren rot gestrichen, rund um die Balkenköpfe befanden sich an der Wand rote und graue Bandmuster des 17. Jahrhunderts.

Der Saal selbst ist noch vorhanden, ebenfalls die Deckenbalken. Die ehemals bemalte Wand springt links nach 4,85 m um etwa 15 cm vor (im unteren Wandteil gleicht sich dieser Vorsprung aus); der rechte Teil (Länge 9,15 m) wölbt sich leicht nach vorn.» Diese Unebenheit in der Mauer hängt damit zusammen, dass die linke Wandscheibe Teil des Kernbaus vom «Schneeberg» ist und die rechte grössere Wand die an den Eckverband stossende eigene Mauer des «Langen Keller». «Die schlecht und nur teilweise erhaltene Malerei wurde mit linearen und Flächenretuschen (vielfach interpolierend, öfters in unzutreffender Weise) wieder lesbar gemacht. Bei der Bildinterpretation muss auf die Photographien nach der Malerei in situ zurückgegriffen werden. Die Gemälde des frühen 14. Jahrhunderts setzen sich aus fünf übereinanderliegenden Zonen zusammen: I. oben zwischen den Balken Fabeltiere und Steinornament (Höhe etwa 25 cm); II. Wappenfries mit Beschriftungen über einer Hilfslinie (Höhe des Texts 5 cm, die Wappenschilde 25 cm hoch und durchschnittlich 25 cm breit); III. Bilderfries, oben und unten begrenzt durch Doppellinie (Höhe etwa 102 cm): das Fürstenkollegium und die Ritterszenen; der Wurstsieder und die Monatsbilder; IV. gemalter Pelzbehang (Höhe etwa 102 cm); V. Lamperiezone in Flächenmalerei (Höhe etwa 35 cm). Die Zonen II und III sowie IV und V besitzen die gleiche Höhe von je etwa 137 cm und werden optisch als Einheiten aufgefasst. Es handelt sich um Freskomalerei, wobei öfters im fast trockenen Verputz noch Retuschen angebracht wurden.»

«Das ungewöhnliche Programm» — so schreibt Lieselotte E. Saurma-Jeltsch in der jüngsten Stellungnahme zu einer möglichen Datierung — «mit einer der frühesten Darstellungen des Kaisers inmitten der Kurfürsten scheint eine besondere Betonung der imperialen Reichsgewalt anzustreben. Allerdings eröffnet sich gerade die Darstellung der beiden Ritterszenen im Zusammenhang der Gesamtanlage, also den Monatsbildern und der Wappenzone, eine weitere Perspektive. In seiner Grundstruktur besitzt es eine gewisse Verwandtschaft zu dem allerdings wesentlich komplexeren Programm des buon governo im Palazzo publico in Siena, zu dem — wie Rubinstein meint — ältere Vorbilder in grösserem Masse existiert haben müssen. Die Monatsbilder — dort als Tätigkeiten, die zum Wohl der Menschen beitragen, in die Stadt transferiert — sind hier vor allem der Monatsarbeit, dem guten Tun, gewidmet. Die richtige Rechtsprechung, in Siena sehr abstrakt dargestellt, ist hier als karitative Form der Schutzpflicht verstanden. Die Oberhoheit, unter der all dies gedeihen kann, in Siena das eigene System, ist hier nun allerdings hineingestellt in ein gewaltiges Universum, das die Richtigkeit des Tuns, aber auch die Legitimation hierfür liefert. In diesem Zusammenhang sind wohl nicht nur die Kurfürsten und der Kaiser zu sehen, sondern auch die Wappenreihe, die über den Darstellungen die Präsenz der elsässischen, schweizerischen und süddeutschen Ministerialengeschlechter dokumentiert und darüberhinaus sich noch auf die grossen Herrscher der Welt, auch die mythologischen, beruft.»

Zur Datierung führt Lucas Wüthrich weiter aus: «K. Frei und K. Escher weisen darauf hin, dass das Vorkommen der Wappen der Freiherren von Wart und von Eschenbach einen Terminus ante quem setzen, nämlich das Jahr der Ermordung von König Albrecht, 1308. Vertreter dieser Familien waren am Königsmord beteiligt, was ihre und ihrer Sippen Ächtung zur Folge hatte. Das kann indessen nur Gültigkeit haben für die an der Tat selbst Beteiligten: Walther IV. von Eschenbach, der angeblich in der Verbannung um 1344 starb, und Rudolf von Wart, der nach erfolgloser Flucht am Tatort gerädert wurde. Die Acht scheint aber nicht lange wirksam geblieben zu sein. Der Sohn Rudolf von Warts wurde 1352 Reichsvogt von Zürich, und 1323 erwähnt Herzog Leopold von Österreich bereits wieder einen Herrn zu Eschenbach in einem Schiedsspruch zwischen dem Kloster Kappel und den Herren von Ottenbach.

Es ist also möglich, dass auch nach der Aussprechung der Reichsacht über die Königsmörder im September 1309 durch den Luxemburger Heinrich VII. die Wappen von Wart und Eschenbach im Raume Zürich vorkommen können. Der Königsmord von 1308 kann schwerlich als stichhaltiger Terminus ante quem betrachtet werden. Zur Datumsfindung sind andere Indizien massgebend.

57 Wandmalerei aus dem Haus «Zum Langen Keller», Rindermarkt 26 in Zürich (heute abgelöst im Schweizerischen Landesmuseum). Datierung: Erstes Viertel 14. Jahrhundert. Die erste Ritterszene zeigt eine Schar Geharnischter vor den Toren einer Stadt. Den Wächtern wird von zwei Personen ein Trunk gereicht, beziehungsweise es wird etwas erbittet.

Die Darstellung des Kaisers bzw. des deutschen Königs inmitten der sieben Kurfürsten muss sich nicht unbedingt auf bestimmte Personen beziehen, wie das etwa beim vergleichbaren Bildnis Kaiser Heinrichs VI. in der Manessischen Liederhandschrift (Fol. 6) der Fall ist. Es kann hier ganz einfach eine bildhafte Wiedergabe der Institution des Deutschen Reiches vorliegen, zumal Zürich als zentral gelegene Reichsstadt damals besonderes Gewicht besass. Dass die seit 1292 guten Beziehungen zum Hause Habsburg, das damals das Reichsoberhaupt stellte, sich in Zürich künstlerisch niederschlugen, ist nur natürlich. In diesem Hinblick hat man gute Gründe, die Balkendecke im Haus ‹Zum Loch› und auch die Wandgemälde im Haus ‹Zum Langen Keller› mit Habsburg in Beziehung zu setzen und vor allem an die Zeit von König Albrecht zu denken.

Die verschiedenen stilistischen Hinweise geben Anlass, die Wandgemäldefolge ins ganz frühe 14. Jahrhundert zu datieren. Ob sie direkt für einen Besuch von König Albrecht in Zürich berechnet war, wie das für die Wappenbalken im Haus ‹Zum Loch› zuerst vorgeschlagen worden ist, kann angenommen, aber nicht bewiesen werden. König Albrecht war als König 1299, 1300, 1302, 1303, 1306 und 1307 in Zürich. Es könnte sich aber auch einfach um eine Verherrlichung des damals unter Habsburgs Leitung stehenden Deutschen Reiches handeln, wofür die neutral gehaltene Folge des Kurfürstenkollegiums zu seiten des erwählten Königs einen möglichen Hinweis gibt. Dass mehrere der Wappen von Geschlechtern stammen, die mit dem Hause Habsburg in enger Beziehung standen, scheint den Bezug auf König Albrecht zu erhärten. Die Vertreter der Familie Bilgeri, eines seit 1256 bekannten Bürgergeschlechtes, erscheinen erstmals 1324 als Besitzer des Hauses ‹Zum Langen Keller› und des daran anstossenden Grimmenturms.

Die neue Datierung von Melanie von Claparède (1973) ins dritte Jahrzehnt des 14. Jahrhunderts (1324?) gründet sich auf die (von uns vorne ausführlich besprochene) Teilungsurkunde vom 28. August 1324. Nach Claparède bietet sich ein solches Datum für die Neuausmalung eines Festsaales an. Ferner weist sie auf die im Wappenfries nebeneinanderstehenden Schilde Vaz und Ochsenstein hin, die nach ihr auf die Hochzeit des Donat von Vaz mit Guta von Ochsenstein Bezug nehmen. Die beiden Argumente haben einiges für sich, besonders das zweite, dennoch scheinen sie uns jene von Escher und Frei nicht einfach auszustechen. Die Hausteilung der Bilgeri von 1324 muss nicht Anlass zur Ausmalung des Saales im ‹Langen Keller› gewesen sein, eine solche Annahme ist rein hypothetisch. Das Fehlen des Bilgeri-Wappens darf hier nicht übersehen werden. Die Vaz und Ochsenstein können schon kurz vor 1320 gegenseitige Verbindungen gepflogen haben, und dem Nebeneinander ihrer Schilde muss nicht notwendigerweise

 58 Wandmalerei aus dem «Haus zum Langen Keller», Rindermarkt 26 in Zürich (heute abgelöst im Schweizerischen Landesmuseum). Datierung: Erstes Viertel 14. Jahrhundert. Medaillon aus der Folge von 12 Monatsbildern: Das Dezemberbild stellt einen vor dem Ofen sitzenden Mann dar, der das Feuer schürt und sich mit dem vorgehaltenen Hut gegen die Hitze schützt.

allianzmässige Bedeutung zukommen. Aus dem Elsass stammt auch das Wappen der Rappoltstein.

In Anbetracht der verschiedenen Datierungsvorschläge scheint uns eine jahrmässige Festlegung wenig sinnvoll. Die einen gewissen Spielraum offenlassende Datierung ins erste Viertel des 14. Jahrhunderts kommt allen bestehenden Meinungen entgegen.

Die Bezüge zu den Nachtragsmeistern der Manessischen Liederhandschrift, die K. Escher herausgearbeitet hat, weisen den Maler der Gemälde in den Umkreis der südlichen Bodenseegegend. Die Meinung, er könne der für einen bestimmten, wohl vorübergehenden Zeitpunkt gemeinsame Lehrmeister der drei unter sich verschiedenen Nachtragsmeister gewesen sein, ist möglich. Am nächsten steht den Wandgemälden der erste Nachtragsmeister. Ohne Zweifel gehören die Buchmalereien in den gleichen Kulturkreis wie die Weltchronik des Rudolf von Ems in St. Gallen, die Weingartner Liederhandschrift und die Manessische Liederhandschrift. Sehr verwandt scheint das Ritter-Epos-Gemälde im Haus

‹Zur Kunkel› in Konstanz. Wie viele Hände an der Malerei beteiligt waren, lässt sich wegen dem allgemein schlechten Erhaltungszustand kaum bestimmen. Die Monatsbilder fallen als qualitativ beste Leistung heraus; doch dürfte es sich dabei weitgehend um ziemlich genaue Kopien von gängigen Formulierungen handeln. Ohne Zweifel ist das Gemälde sehr schnell entstanden, was auf eine gemeinsame Werkstatt oder einen einzigen Meister schliessen lässt. Die Qualität der Malerei ist bedeutend; mit sicherm Strich werden die Figuren in den verschiedensten Stellungen und Haltungen wiedergegeben. Der Vortrag ist bewegt und grosszügig, völlig durchkomponiert und entbehrt nicht einer bildwirksamen Monumentalität. Der Raum war ehemals nur durch einige wenige schlitzartige Fenster (?) erleuchtet, und die Sichtbarkeit der Wandgemälde dürfte nur zur mittäglichen Stunde gut gewesen sein.»

Der «Keller», Bilgeri Bilgeris Haus

Bei der Teilung von 1324 erhielt Heinrich Bilgeri der Alte den Turm, Bilgeri Bilgeri im Haus zum Bach den anstossenden Keller und schliesslich Johann Bilgeri, genannt Grimm, das Haus zum «Langen Keller». Da Bilgeri Bilgeri ermächtigt wurde, auf dem Keller ein Haus bis zum drittobersten Fenster des Turmes zu bauen, muss angenommen werden, dass der Keller sich an der Stelle des Hauses zur «Traube», Neumarkt 2, befand. «Der Kelr, der da stosset an das ort gegen desselben hern Bilgerins huse», lag just dem Haus am Bach, dem «Bilgeriturm», gegenüber, welcher eben im Besitz von Bilgeri Bilgeri war. Aus diesem Grund erhielt er im Teilungsvertrag auch den geringsten Besitz zugewiesen. Unter dem «Kelr» muss man sich damals nicht etwa einen abgetieften Raum im heutigen Sinn vorstellen. Vielmehr war es ein gewerblich oder zu Lagerzwecken genutzter Baukörper, auf welchem sich, wie die Urkunde weiter ausführt, ein von allen dreien genutzter Abtritt («... das sprachus, das uf dem kelr stat...») befand. Dazu wurde festgehalten, dass es «einen weg geben von dem Langen Kelre hin zu dem sprachus, und sol ouch der weg bi dem turn hingan und sol ouch in der höhi sin...». Über einen Laubengang erreichte man also vom ersten oder zweiten Obergeschoss des «Langen Keller» den Abtritt auf dem bachsseitgen «Keller»-Gebäude. Dieser Laubengang führte dem Turmkörper entlang und konnte so auch von dessen Besitzer oder Bewohner mitbenützt werden. Wie dieser Abtritt ausgesehen haben mag, ist unklar. Sicher ist nur, das er sich in den «Bach» entwässerte, welcher nah dem «Kelr» vorbeifloss. Der Bilgeri «uf dem Bach» hat wohl bald nach 1324 von seinem Baurecht Gebrauch gemacht. Von allen gemeinsam genutzt wurde ein Teil des Hofes, welcher gegen den Rindermarkt hin mit einem Hoftor geschlossen war. Von diesem Hof führte eine Treppe dem «Langen Keller» entlang zu einem Hocheingang im ersten Obergeschoss. Da der Turmbesitzer ebenfalls verantwortlich war für deren Unterhalt, kann geschlossen werden, dass damit auch dieses Haus über eine Laube erschlossen war. Vielleicht führte diese «vier schou breite stege» auch direkt auf den erwähnten Abtrittlaubengang, welcher die drei Häuser ja untereinander verband.

Das Schicksal der Gebäulichkeiten nach dem Untergang der Bilgeri in der Mordnacht von 1350

«Langer Keller» und «Grimmenturm»

Johannes Bilgeri, der Grimme, starb vor 1345. Aus späteren Urkunden geht hervor, dass er und seine Gemahlin das Haus zum «Langen Keller», vielleicht auch den Turm, der ja heute noch nach ihm benannt wird, einem «Schwesternhaus» überlassen hatte. In dieser klösterlichen Gemeinschaft (Beginenhaus) sollten 40 Frauen wohnen. Auf Wunsch der frommen Stifter durften keine Frauen aufgenommen werden, «die mit Seidenhandwerk umgeben» — also in Seidenkleider gehüllt waren — sondern nur «arme, friedliebende und ehrbar lebende Frauen». Diese «Willigen Armen» hatten ursprünglich die Liegenschaft nur zur Hälfte erhalten, da die andere Hälfte an den Spital testiert worden war. Doch verkaufte 1350 der Spital seinen Anteil den Schwestern. 1366 nahm der Rat die Schwestern in seinen Schirm; vermutlich betrachtete er sich seither als Eigentümer der Liegenschaft, da 1417 Haus und Turm, genannt des «Grimmen Turm», als der Stadt gehörig bezeichnet wurde.

Es lebten hier noch bis zur Reformationszeit «Schwestern». 1524 wurde diese Stiftung aufgehoben. Die letzten Schwestern erhielten eine neue Unterkunft im aufgelassenen Kloster Oetenbach, wohin auch der «Hausplunder» (Betten und Küchengeschirr) verbracht wurde.

Aus vorreformatorischer Zeit stammten noch die Uhr und das Glöcklein, das die Inschrift trug: «Ave Maria gratia plena dominus tecum, anno domini mcccclxxxii jar» (1482).

Mit der Reformation wurde der Grimmenturm zunächst Amtshaus: 1524 Sitz des Almosenamtes und 1533 des Obmanns gemeiner Klöster, d.h. des Verwalters der Güter der aufgehobenen Klöster. Damals wurden in verschiedenen Räumen Kornschütten und auch Weinkeller für diese Ämter eingerichtet, die auch später noch beibehalten wurden, als der «Grimmenturm» 1554 dem Pfarrer der Predigerkirche als Amtswohnung zugewiesen wurde.

De facto war dieser stattliche Besitz Eigentum der Stadt, welche sich — nach der Mordnacht — 1366 denn auch als Schutz- und Schirmherr der Frauen betrachtete. Die Beginengemeinschaft wird im 15. Jahrhundert wohl die religiöse Malerei im Saal veranlasst haben. Nach der Reformation (1523) ging das Haus an die Verwaltung des Obmanns gemeiner Köster, wobei ornamentale Malereien über die religiösen gelegt wurden.

Die «Geschichte» des «Grimmenturm» und des «Langen Keller» von der Reformation zur neuesten Zeit

Die Liegenschaft zum «Grimmenturm» mit dem «Langen Keller» diente von 1554 bis 1865 der Kirchgemeinde Prediger als Pfarrhaus, doch standen dem Pfarrer nicht alle Räumlichkeiten zur Verfügung. Das eigentliche Pfarrhaus befand sich im westlichen Gebäudeflügel an der Spiegelgasse, dessen Eingang aber im Hof am Rindermarkt gelegen war. Im «Langen Keller» und im Turme selbst verfügte der Pfarrer nur über wenige Räume, da der grösste Teil dieser Gebäude städtischen Ämtern als Kornschütten diente.

Aus einer Eingabe von Pfarrer Heidegger von 1716 geht hervor, dass der dem Pfarrer überlassene Wohnraum nicht allzu gross war. Für seine zwölfköpfige Familie besass er nur zwei «Stuben» (geheizte Räume), so dass er klagte, dass er keinen ruhigen Raum als Studierzimmer habe. Die untere Stube beim Hauseingang, die er bisher als Audienzzimmer benützt habe, sei ungenügend und vor allem sehr lärmig, da auf allen Seiten die Handwerker ihr «klopfendes» Gewerbe ausübten. Wenn jemand am Hause vorbeifahre, «höre man sein eigenes Wort nicht mehr». Aus dieser Darstellung geht hervor, dass sich damals noch der Hauseingang wie im Mittelalter im «Langen Keller» bzw. vom Höfli her befand.

Die Klage von Pfarrer Heidegger hatte übrigens den Erfolg, dass ihm der Rechenrat bewilligte, anstelle einer Kornschütte (von 9,4 auf 5,4 Meter Ausdehnung) im Turm ein neues, einsames, stilles und luftiges Studierstübli und eine Kammer einzubauen, wofür einige Fenster ausgebrochen werden mussten.

59 «Grimmenturm» von Süden, getuschte Federzeichnung des späten 18. Jahrhunderts. Deutlich sichtbar ist der einstige Hocheingang, welcher von der Spiegelgasse ins erste Obergeschoss geführt hat. Original in der Zentralbibliothek Zürich.

Um die Zeit dieser Umbaute müssen auch die astronomischen Gemälde angebracht worden sein, deren schwer beschädigte Reste noch im 19. Jahrhundert die Wände eines oben im Turm befindlichen Zimmers bedeckten.

Nachdem die Gemeinde ihrem Pfarrer ein neues Pfarrhaus an der Schienhutgasse erbaut hatte, verkaufte der Kanton den «Grimmenturm» im Jahre 1865 an Orell, Füssli & Co., die sich darauf beschränkten, im «Langen Keller» einen Buchladen einzubauen und darüber Wohnungen und Büchermagazine einzurichten.

Erst als der «Grimmenturm» 1873 ins Eigentum von Schreinermeister Martin Mertzlufft überging, erfolgten die baulichen Eingriffe, die nicht nur das Äussere, sondern auch das Innere von Turm und Wohnhaus weitgehend veränderten.

Im Wohnhaus — dem ehemaligen Pfarrhaus an der Spiegelgasse — richtete Mertzlufft auf jeder Etage eine Wohnung ein, wobei er den Einbau der damals modernen sanitarischen Einrichtungen als Verbesserung verbuchen konnte. Der «Grimmenturm» selbst wurde in Erdgeschoss und fünf Etagen eingeteilt, wobei

60 «Grimmenturm» vom Neumarkt aus gesehen. Sepia von Emil Schulthess, 1836. Original im Kunsthaus Zürich (vgl. auch das Titelblatt).

die Bodenhöhen verändert wurden. «Jede Etage bildet einen als Werkstätte dienenden hohen Raum». Als weitern Fortschritt erwähnt der Baubeschrieb: «Die Fassade wird durch neu einzusetzende Fenster belebt und dann das Dach auf das übliche Mass reduziert.» «Dieser Sanierung fielen aber gerade die Bauteile zum Opfer, die wir heute aus denkmalpflegerischen und ästhetischen Gründen schwer vermissen», klagte Paul Guyer in seiner Besitzergeschichte vom 28. Oktober 1965. «An Stelle einer recht malerischen, am Turm noch mittelalterlichen Fassade gegen die Unteren Zäune», fuhr er fort, «entstand eine langweilige Fensterfront, die niemanden befriedigen kann.»

Der Rationalisierung fielen auch das Türmchen und die Uhren — gegen Neumarkt und Untere Zäune — zum Opfer, was nicht nur für den Turm selbst, sondern für die ganze Umgebung einen (städtebaulichen) Verlust bedeutete, da der Neumarkt gegen Westen seinen markanten Abschluss verlor».

1962 erwarb die Stadt den «Grimmenturm» und den «Langen Keller». 1974/75 erfolgte dann die äussere Sanierung dieses Baukomplexes. Zur Restaurierung

61 «Grimmenturm» vom Neumarkt aus gesehen. Zustand vor der Renovation, 1964.

desselben schreibt der verantwortliche Architekt Richard A. Wagner die abschliessenden Zeilen: «Auf der Nord- und Südseite ist das Mauerwerk durch Ausbrüche stark gestört, und von der 1541 an Meister Hans Asper verdingten, an die Südfassade al fresco gemalten Uhr war keine Spur mehr vorhanden.

Bei der Restaurierung der Sandsteinpartien wurden die gesunden Steine nicht zurückgearbeitet, sondern lediglich gereinigt, verwitterte Partien jedoch durch neue Werkstücke ersetzt. Der obere Teil der Gesimsplatte, der 1873 entfernt wurde, ist in Sandstein neu ergänzt worden. Die Fassaden erhielten einen mit der Kelle aufgezogenen Naturputz. Um die endgültige Form des Daches und des Dachreiters der ursprünglichen Erscheinung möglichst anzupassen, wurde ein Arbeitsmodell erstellt, das mit dem vorhandenen Dokumentationsmaterial genauestens verglichen wurde. Der Wiederaufbau des 13 Meter hohen Turmdaches, das die Form eines Walmes aufweist, stellte an den ausführenden Zimmermeister Ernst Gerdes, Witikon, besonders hohe Ansprüche, da der Grundriss

62
«Grimmenturm» vom Neumarkt aus gesehen. Zustand nach der Renovation, 1968.

des Bauwerks ein unregelmässiges Viereck darstellt, so dass am Dache windschiefe Flächen entstehen.

Der 8 Meter hohe Dachreiter trägt eine neue Glocke in der Tonlage C mit dem Wappen der Stadt Zürich, begleitet von zwei Löwen als Schildhalter und dem Spruch: DOMINE CONSERVA NOS IN PACE ANNO DOMINI MCMLXV.

Die Glocke wurde in der Glockengiesserei Eschmann in Rickenbach bei Wil SG gegossen. Schrift und Wappen entwarf der Graphiker Ernst Keller, Zürich, der als früherer Lehrer an der Kunstgewerbeschule bekannt ist. Vom gleichen Künstler stammen auch die Entwürfe für die Wetterfahne und das Zifferblatt der neuen Uhr, die an derselben Stelle und in den gleichen Dimensionen wie vor 1873 an der Neumarktseite angebracht wurde. Auf die Rekonstruktion des Zifferblattes an der Südseite musste verzichtet werden. An dieser Fassade wurden die Fenster erneuert und die frühere Loggia im obersten Stockwerk wieder ausgebrochen. Im Innern des Turmes sind keine Umbauten vorgenommen worden.»

Bilgerin Bilgeris «Kelr»-Haus, die spätere «Traube», Neumarkt 2

Die wechselvolle Geschichte dieses dritten Gebäudes aus dem Teilungsvertrag vom 28. August 1324 verfolgen wir anhand der Besitzergeschichte von Paul Guyer. Erwähnt wird das nun bewohnbare Haus allerdings erst in den Jahren 1357 und 1358, als es die «Alt Bilgerin» beherbergte. Vermutlich war sie die Witwe eines jener Bilgeri, die im Strafgericht nach der Mordnacht von 1350 ums Leben gekommen sind. Seit 1360 gehörte die ehemalige «Kelr»-Liegenschaft von Bilgerin Bilgeri dem Schaffhauser Eberhart Im Thurn, der aber vermutlich nur vorübergehend hier wohnte, da er gewöhnlich in seiner Heimatstadt lebte. Er war verheiratet mit einer Cäcilia, deren Geschlechtsname unbekannt ist. War sie eine Bilgeri? Dies könnte möglich sein, denn Frau Im Thurn besass Güter in Spreitenbach, dessen Vogtei ursprünglich den Grafen von Habsburg-Laufenburg zugestanden hatte; die Bilgeri aber standen in einem Dienstverhältnis zu diesen Grafen. Im Jahre 1371 baute Eberhart Im Thurn einen Stall, der sich westlich des Hauses gegen das Höfli beim «Langen Keller» erstreckte, denn dieser Trakt wies bis ins 19. Jahrhundert die damals vorgeschriebene Höhe von 11 Ellen auf.

Nach dem Tod Eberharts vererbte sich die Liegenschaft an seinen Sohn Wilhelm Im Thurn, der das Zürcher Absteigquartier wohl noch seltener benutzte, denn er erwarb um 1407 die Herrschaft Gutenburg im Schwarzwald. Nach den Angaben in den Steuerbüchern wohnte hier von 1401 bis 1410 eine Frau von Luterbach. 1412 stand das Haus leer, und bald darauf muss Im Thurn das Zürcher Haus an Hans von Marbach verkauft haben. Die Marbach waren Händler und Kaufleute, die wir in drei Generationen — Hans, Niklaus (Klewi) und wieder Hans — bis zum letzten Steuerbuch von 1470 in diesem Haus finden. Aber noch der Glückshafenrodel von 1504, der die Lotterieteilnehmer anlässlich des grossen Schützenfestes von 1504 verzeichnet, erwähnt eine «Marpachin auff dem Bach». Das Haus zur «Traube» stand unmittelbar am Wolfbach, der entlang dem heutigen Rehgässlein und der Gebäudelücke zwischen «Bilgeriturm» und dem Haus «Zur Deutschen Schule» zur Limmat abfloss.

Aus der Zeit der Marbach tritt auch erstmals 1455 in den Steuerbüchern der Hausname «Traube» auf, der später zuweilen in «Rote» (im 16.) und «Weisse Traube» (im 19. Jahrhundert) variiert wurde.

1517 wird ein «Schuhmacher zum Truben» erwähnt, und wenig später finden wir von 1525 bis 1533 einen Ulrich Leu, der vielleicht mit dem Weber Ulrich Leu identisch ist, der im Jahre 1506 das Zürcher Bürgerrecht erworben hatte. Auf ihn folgte von 1525 bis 1542 ein Schneider Heinrich Nägeli und schliesslich seit 1543 ein Schneider Beat Lichtenstein, der sogleich eine auf dem Hause lastende Hypothek von 1457 ablöste. Beide Schneider haben am Gebäude bauliche Veränderungen vorgenommen, über deren Umfang wir nur wenig aussagen können. Nägeli erhielt 1541 und 1543 je 20 Pfund und Lichtenstein 1563 60 Pfund «Bauschilling», d.h. eine Subvention von 10 Prozent der Baukosten, die für bauliche und vor allem für feuerpolizeiliche Verbesserungen ausgegeben wurden. Von Lichtensteins Bauvorhaben erfahren wir, dass er 1561 unter anderem beabsichtigte, den Dachstuhl zu erhöhen, was auf Einsprache von Bürgermeister Diethelm Röist im benachbarten Haus zum «Rech», Neumarkt 4, verboten wurde. Lichtenstein durfte wohl den Dachstuhl erneuern, musste aber die bisherige Höhe einhalten.

Am 26. Oktober 1575 bestimmte Beat Lichtenstein, dass die Liegenschaft zum Vorzugspreis von 600 Gulden seinem jüngsten Sohn Jakob Lichtenstein zufallen soll, wobei seiner Gattin Margaretha Klauser das lebenslängliche Nutzungsrecht vorbehalten wurde.

Für mehrere Jahrzehnte finden wir nun keine Angaben über die «Traube». Jakob Lichtenstein muss vor 1599 gestorben sein, denn in den Zünfterlisten dieses Jahres ist er nicht mehr aufgeführt.

In der Volkszählung von 1637 figuriert als Eigentümerin und Bewohnerin des Hauses Frau Maria Escher (1570—1640), Witwe des 1627 gestorbenen Bürgermeisters Hans Heinrich Rahn, der im Haus «Zum Hohen Steg», Untere Zäune 19, gewohnt hatte. Sehr wahrscheinlich hat sie die «Traube» nach dem Tod ihres Gatten als Witwensitz bezogen. Später wohnte hier auch ihr Enkel Hans Rudolf Rahn (1617—1656), der sich 1639 mit Küngolt Egli von Winterthur verheiratete. Obschon sein Vater und sein Urgrossvater Bürgermeister waren, erlangte Hans Rudolf Rahn nur die Stelle eines Grossrates, indem er 1647 Zwölfer zur Gerwe wurde. Da sich seine Witwe 1658 wieder verheiratete, musste sie 1659 das Haus verlassen und ihre Kinder aus erster Ehe dem Grossvater, Bürgermeister Heinrich Rahn im «Hohen Steg» (†1669), zur Erziehung überlassen.

Wir wissen nicht, ob die Familie Rahn die «Traube» weiter behielt oder sogleich verkaufte, denn für zwei Jahrzehnte fehlen alle Nachrichten über dieses Haus.

Im Jahre 1679 ging die Liegenschaft an Hans Fäsi-Peter (†1705) über, der im Jahre 1679 die Stelle eines Ludimoderators (Lehrers am Carolinum) angetreten hatte und mit seinem Schwiegersohn Dr. med. Hans Jakob Scheuchzer in die

«Traube» zog. Nach dem 1688 erfolgten Tod von Dr. Scheuchzer blieb seine Witwe mit ihren beiden später so berühmten Söhnen Johann Jakob Scheuchzer (1672–1733) und Johannes Scheuchzer (1684–1738) im Haushalt von Ludimoderator Fäsi wohnen.

Erst 1698 verliess Johann Jakob Scheuchzer endgültig das Haus seines Grossvaters Fäsi. Wie lange die 1731 gestorbene Witwe Anna Barbara Scheuchzer-Fäsi in der «Traube» wohnte, konnten wir leider nicht abklären.

Seit der Mitte der 1720er Jahre wohnte in diesem Haus der Kaufmann Johann Konrad Pestalozzi (1692–1730), der aus dem Haus «Zum Brünneli» an der Froschaugasse 9/11 stammte. Das Haus vererbte sich auf den Sohn, Kaufmann Hans Konrad Pestalozzi (1727–1774), und auf den Enkel, den Kaufmann und Sensal Hans Jakob Pestalozzi (1755–1811), der 1786 in Konkurs geriet und nach Paris übersiedelte, wo er 1811 starb.

Aus dem Konkurs erwarb der Kaufmann Christoph Reutlinger die Liegenschaft, der noch 1805 hier wohnte. Dann folgten in kurzen Abständen fünf Handwechsel. Im Jahre 1825 bezog der Kupferschmied Hans Ulrich Amsler von Schinznach die «Weisse Traube», in der er eine Kupferschmiede einrichtete, was zu Anständen führte, da der «Grimmenturm» damals noch als Pfarrhaus der Predigergemeinde diente und jenseits der Strasse im Haus «Zur Deutschen Schule» noch Schule gehalten wurde. Die kantonalen Behörden erlaubten daher die Ausübung des Schmiedehandwerkes nur unter der Bedingung, dass Amsler während der Schulstunden lediglich kleinere Arbeiten bei verschlossenen Fenstern ausführe.

Auf den Kupferschmied folgte im Jahre 1862 der Lithograph Kaspar Knüsli, der bis 1890 Eigentümer der «Traube» blieb und im Jahre 1875 einen ersten grösseren Umbau vornahm, indem er den Trakt gegen den Rindermarkt um ein Stockwerk erhöhte und mit der heute noch vorhandenen Dachzinne bekrönte. Knüsli lieferte 1875 für den «Nebelspalter» die lithographierten Titelblätter. Die Werkstatt ging 1884 an eine andere Firma über, die später von der heute noch bestehenden Lithographischen Anstalt J.C. Müller übernommen wurde. 1890 wechselte die «Traube» an Jakob Müller-Hagenbucher über, der hier ein Bonneteriegeschäft betrieb, und 1896 gelangte die Liegenschaft an den Baumeister Josef Zini. Zini war ein unternehmungslustiger Maurermeister, der vor allem in Aussersihl eine grosse Menge Spekulationsbauten errichtete und nun auch die «Traube» im Sinne seiner dortigen Mietskasernen umbauen wollte. Zum grossen Glück musste er sich aber bescheiden. Das Haus konnte er im äussern Umfang nicht wesentlich umgestalten; lediglich der Giebel wurde durch die Beseitigung der Abwalmung etwas erhöht. Dagegen verzierte er die Fassade durch Fenstergiebel. Ferner erstellte er ein grosses, durchgehendes Lokal, das ursprünglich als Laden geplant war, aber schliesslich als Restaurant eingerichtet wurde. Diesem Lokal opferte er nicht nur das Erdgeschoss mit der vom Hausnamen «Zur Weissen Traube» bekrönten Türe, sondern auch das erste Stockwerk. Die übrigen Geschosse scheint er völlig umgebaut zu haben.

Seit 1910 erfolgten wieder mehrere Handwechsel, die wir hier übergehen wollen. Erwähnt mag noch werden, dass 1919 der süsse spanische Wein das Münchner Bier verdrängte; das «Klosterbräu» wurde zu einer Bodega. Die Veränderung am Giebel, die Verdachungen und die Erdgeschosspartie mit den kräftigen Lisenen in Sandstein stammen aus der Zeit der Jahrhundertwende. 1966 kaufte der Verein «Verbindungshaus Zürcher Singstudenten» das Gebäude und liess es für seine Zwecke umbauen. Das neue Restaurant und die Neugestaltung der grossen Erdgeschossfenster zeigen beispielhaft, wie mit neuzeitlichen Mitteln im Äussern und Innern, ohne zu historisieren, eine lebendige und dem Altstadtcharakter angepasste Form gefunden werden kann.

Rahn versuchte in seiner neuerworbenen Liegenschaft eine Färberei einzurichten, was ihm trotz der Einsprache der Nachbarn unter Vorbehalt und Bedingungen bewilligt wurde. Ein Ratsentscheid vom 20. Dezember 1666 bestimmte, dass Rahn weder hinter noch vor seinem Haus Tücher im Freien aufhängen dürfe; grundsätzlich wurde ihm nur erlaubt, selbst fabrizierte Tücher zu färben. (Im Landesmuseum hat sich ein mit den Wappen Rahn und Holzhalb geschmückter Armsessel Rahns erhalten.)

Nach Rahns Tod verkaufte seine Witwe, Frau Elisabeth Holzhalb (1626—1703), am 1. Dezember 1679 die Liegenschaft mit Farbhaus und dem 1662 übernommenen Inventar um 3300 Taler an Junker Johann Kaspar Escher, Statthalter im Johanniterhaus Bubikon, womit das gewerbliche Intermezzo nach wenigen Jahren ein Ende fand und der «Tannenberg» wieder für weitere 180 Jahre lediglich Wohnzwecken diente. Wie seit dem 15. Jahrhundert beherbergte er ausschliesslich Angehörige jener Schicht, die als Rentner oder Staats- und Verwaltungsmänner auf eine wirtschaftliche Tätigkeit verzichtete. Eschers Sohn, Junker Quartierhauptman Johann Hartmann Escher, veräusserte an der Fasnacht 1708 den «Tannenberg» an David Holzhalb (1652—1719), damals Landvogt zu Kyburg und seit 1710 Bürgermeister. Holzhalbs einzige Tochter brachte die Liegenschaft ihrem Gatten, Johannes Fries zu, seit 1740 ebenfalls Bürgermeister, der das Haus bis zu seinem Tod (am 14. Mai 1759) bewohnte.

4.5 Die Häuser «Zum Steinberg» und «Zum Tannenberg», Neumarkt 6 und 8

«Zum Steinberg» bzw. «Zum Rechberg», Neumarkt 6

Am 6. Januar 1276 erwarb ein Johannes Bilgeri auf öffentlicher Gant ein Haus «uf dem Bach». Es handelt sich dabei um den gassenseitigen Kernbau des «Steinberg». Die Bilgeri besassen damals bereits den gegenüberliegenden Turm mit den Annexen. — Und vielleicht stand der von ihnen in Auftrag gegebene «Grimmenturm» bereits im Bau (vgl. Kapitel 4.2 und 4.4).

Da im «Steinberg» bzw. im «Rechberg» bislang nie monumentenarchäologische Untersuchungen durchgeführt worden sind, haben die baugeschichtlichen Ausführungen vorläufigen Charakter. Der ältere Steinbau war eher klein und wies einen Grundriss von etwa 6 × 6 Meter auf. Über seine Höhe und die Bedachung (wahrscheinlich ein Pultdach) lässt sich nichts Sicheres aussagen.

Unmittelbar nach der Handänderung erstellten die Bilgeri einen hinteren Steinbau, von welchem wir die kräftig bossierte Südwestecke kennen, welche über 8 Meter hoch erhalten ist. Der sicher dreigeschossige Steinbau — auf einem zum Bach hin leicht geknickten Grundriss von etwa 10 × 10 Meter — bildete zum älteren Vorderhaus nun einen Freiraum, ein Höfli. Dieses und der Zugang von der Gasse wurde wenig später bereits in einen neu erstellten östlichen Gebäudeteil integriert. An diesen lehnte 1295 die Trotte des «Tannenberg», was offenbar zu Streitigkeiten geführt hat. Der vordere Teil des östlichen Nachbarn gehörte schon vor 1273 den Barfüssern, und diese versuchten nun vor dem Rat den Streit mit Johann Bilgeri zu schlichten. Der am 8. Juli 1295 ausgestellte Brief ist ein wichtiges Dokument über nachbarschaftliche Sorgen, welche sich nun — bei der immer grösseren Verdichtung der Bauten allenthalben in der Stadt — zwangsläufig ergaben. Es wird vor allem dem Problem der Entsorgung durch einen Ehgraben viel Gewicht beigemessen. Lassen wir den Brief erzählen: »... in dem kriege, den her Johannes Bilgeri von dez buwes schulden ünsers huses, daz an sime huse gelegen ist, an uns (die Barfüsser von Zürich) warf, den ersamen lüten den burgern und dem rathe von Zürich durch iro gunstes und ünsers vrides willen dez volgig und gelübdig sigen worden, daz wir den egraben, der durch ünsern boungarten gat, von den hüsern, diu gen der straze ligent, dez selben Johannes huse alde hofstat ane sinen willen und gunst niemer sülint naher gewisen alde gerihten, denne er unzint har gangen und gerihtet ist. Mugint aber wir in genzelichen dannan gewinnen, dez ensol üns nieman ieren (hindern). Unde sülint aine mure slahen von der stat, da der torgel erwant (wo die Trotte aufhört), über die braiti dez garten (der heute noch bestehende Garten zu den niederen Bauten der Obmannamtsgasse hin) biz an dez vorgenanden Johannes hofstat. Unde sol man den selben invanc unzewuschont der selben mure und dem huse niemer bezimberren noh erbuwen weder mit holze noh mit stainon. Unde sülint denne durch den selben garthen die lengi ouch aine mure machon uffen ünserm taile mit ünserm schaden und koste. Unde sol der zewaier muron höhi sin, alse üns allerbest kumet, unde sont aber nüt niderre sin denne zehen schuohe langont. Unde ist öch geurkündot von dem selben rate, daz diu tole alde der egrabe von den zewain hüsern, ünserme unde dez selben Johannes, offen sol sin unde sinen fluz habn sol under der erde unzint in den bach (Wolfbach) und drobe verdeket. Unde so man gemainlich drüber gat von den baiden hüsern, so sol man in ouch gemainlich rumen und fürben (vom italienischen forbire = säubern, putzen, fegen); so aber dez nüt ist, so sont in die rumen, die in went niezen, unde sol siu dez nieman ieren».

Noch 1308 wurde der Steinhauskomplex von einem Johannes Bilgeri bewohnt; später musste er einem von Landenberg gehört haben, doch lässt sich nicht feststellen, welcher Angehörige dieser Oberländer Adelsfamilie hier gewohnt hat. Die Steuerbücher des 14. Jahrhunderts nennen als Bewohner: 1357 einen H. Keller von Schwamendingen, wohl ein Vorfahr der heute noch existierenden Keller vom Steinbock, dann von 1358 bis 1373 einen Meyer am Riet und schliesslich 1376 einen von Isnach. Vor 1400 muss das Haus an den Krämer Franz Kloter übergegangen sein, der sein Haus am Neumarkt im Jahre 1400 seiner Frau Margaretha als Leibgeding verschrieb und 1416 der Grossmünster-Probstei zur vermehrten Sicherheit vergabte, da er in jenem Jahr das Haus zur «Kerze» von zwei Kaplänen der Grossmünsterkirche als Erblehen übernam.

Spätestens 1432 erhielt der «Steinberg» im reichen Händler Mathis Trinkler einen neuen Eigentümer, der auch das Nachbarhaus zum «Tannenberg» besass. Nach Mathis Trinklers Tod (um 1455) wurden die beiden Häuser unter die Söhne aufgeteilt, und der «Steinberg» beherbergte den Sohn Konrad und den Enkel Ulrich Trinkler (bis gegen 1480). Für das nächste halbe Jahrhundert haben wir nur recht unbestimmte Angaben: Sehr wahrscheinlich wohnte im «Steinberg» Lazarus Göldli, der von Waldmann aus dem Rat gestossen, dann aber am Sturz von Bürgermeister Hans Waldmann führend beteiligt war und für einige Wochen die Diktatur des «Hörnernen Rates» leitete.

In den ersten Jahrzehnten des 16. Jahrhunderts hat der «Steinberg» vorübergehend Eberhard von Rischbach und dem Bischof von Konstanz gehört. Eberhard von Rischbach war ein Adeliger aus dem Hegau, der das Zürcher Bürgerrecht erworben hatte und 1525 (in zweiter Ehe) die letzte Äbtissin vom Fraumünster, Katharina von Zimmern, heiratete.

Doch in diesem Zeitpunkt gehörte die Liegenschaft bereits dem bekannten Staatsmann der Reformationszeit, Jörg Berger (†1532). Berger veräusserte nämlich am 14. April 1524 das Haus zum «Tannenberg», das er gemeinsam mit seinem eigenen Haus («Steinberg») vom Bischof von Konstanz erworben hatte. Er war in bewegter Zeit Landvogt in Grüningen, wurde 1529 Ratsherr und schliesslich 1532 Seckelmeister der Stadt Zürich. Im gleichen Haus wohnte sein Sohn Jakob Berger, der in der Schlacht bei Kappel fiel. Dieser hinterliess neben seiner jungen Gattin Magdalena Esslinger eine sieben Monate alte Tochter Elisabeth, die 1546 im Alter von 15 Jahren einen Sohn von Bürgermeister Johannes Haab, den Junker Jakob Haab (1525—1609), heiratete. Der junge Haab wurde Ratsherr von der Saffran und Kornmeister. Lange Zeit diente er dem Rat auch als Dolmetsch für lateinische und französische Korrespondenzen. In einem grossen Umbau im Jahre 1570 dürfte er dem Haus die Gestalt gegeben haben, die wir im Murerplan von 1576, aber auch noch fast unverändert in der Darstellung des «Panners im Neumarkt» von etwa 1750 erkennen. Das vierstöckige Haus zeigte im Erdgeschoss ein breites Rundbogenportal und in den drei oberen Stockwerken die typischen gotischen Fenstergruppen, die im ersten und zweiten Geschoss durch flache Erker eine Bereicherung erhielten. An die Baukosten von 2936 Pfund erhielt der Bauherr vom Rat einen Beitrag von 300 Pfund.

Eine Besonderheit stellt die auch damals entstandene Dachzinne dar, welche — wohl aus Holz errichtet — in spätgotischer «Fialenmanier» auf das Satteldach gestülpt worden ist. Auf dem Murerplan von 1576 ist sie die einzige solche Konstruktion eines für Zürich im 19. und frühen 20. Jahrhundert so beliebten Dachaufbaus.

Während rund 150 Jahren war der «Steinberg» Wohnsitz der Junker Haab, die sich seit etwa 1500 vorwiegend dem Staatsdienst widmeten. Jakobs Sohn, Hans Jakob Haab-Schwerzenbach (1563—1620), wurde 1601 Zwölfer zur Saffran und 1610 Landvogt in Andelfingen. Der Enkel Hans Jakob Haab-Lochmann (1601 bis 1682) erreichte wie sein Urgrossvater Berger das hohe Amt eines Seckelmeisters, womit er zu den neun Standeshäuptern der Zürcher Regierung gehörte. Im gleichen Haus wohnte mit dem Seckelmeister zunächst sein Sohn Rudolf Haab-Grebel (1636—1720), dann aber der ältere Sohn Hans Kaspar Haab-Hirzel (1631 bis 1702), der 1672 Constaffelherr (Mitglied des Kleinen Rates) und 1688 Kornmeister wurde. Über ihn brach 1695 eine finanzielle Katastrophe herein; Haab war «schuldenhalber entloffen». Er wurde deshalb aller Ämter und Ehren entsetzt und sein Eigentum vergantet. Da die Gesellschaft zur Constaffel Haab 6000 Gulden vorgestreckt hatte, zog sie das Haus an sich. Das Stadtgericht fertigte am 15. Juni 1695 der Constaffel «Haus und Hofstatt, mit (Korn-)Schütten, Waschhaus, Stallung, samt Garten und Höfli» unter der Bedingung zu, dass die Constaffler die Forderungen verschiedener anderer Gläubiger (im Betrage von rund 13 900 Gulden) übernähmen.

Selbstverständlich wird die Constaffel möglichst bald einen solventen Käufer gesucht haben, der sich ihr im Sohn von Bürgermeister Hans Kaspar Escher (†1696), dem Landvogt Hans Kaspar Escher (1651—1728), anbot. Nach seinem Tod ging der «Rechberg» — wie das Haus nun benannt wurde — an seinen Sohn, Unterschreiber Hans Ludwig Escher-Heidegger (1680—1742), über. Ludwig wurde 1726 Constaffelherr und 1729 Landvogt im Thurgau. Am 7. Februar 1754 verkaufte die Witwe Ludwig Eschers den «Rechberg» um 9000 Gulden an den Kauf- und Handelsherrn Hans Kaspar Schulthess im Haus «Zum Dach» am Limmatquai 56. Hans Kaspar Schulthess-Hirzel (1709—1804) bezog den «Rechberg» im September 1754, nachdem er ihn zuvor «mit ungesparten Kosten» hatte instandstellen lassen. Schulthess, der zu den reichsten Zürcher Kaufleuten jener Zeit gehörte, liess vor seinem Einzug und später die qualitätvolle Innenausstattung einzelner Räume anbringen. Sehenswert sind vor allem der Saal im zweiten Obergeschoss und die Stuckdecken in einigen andern Räumen. Nachdem Kaspar Schulthess das Gesellschaftsverhältnis mit seinem Bruder Conrad 1771 aufgelöst hatte, gründete er im gleichen Jahr im «Rechberg» ein Seiden- und Bankhaus, an dem sich sein Sohn Leonhard Schulthess-Meyer (1753—1803) und sein Schwiegersohn Wilhelm Schinz beteiligten. Hier wohnte auch der Sohn Kaspar Leonhard Schulthess (1753—1803) mit seiner lebensfreudigen Gattin, die aber 1796 ins «Untere Rech» (Neumarkt 4) zogen, das Anfang des 19. Jahrhunderts Treffpunkt der diplomatischen Kreise wurde, in deren Mittelpunkt Frau Schulthess-Meyer stand (vgl. Kapitel 4.1).

Da das alte Haus am «Neumarkt» für den Geschäftsbetrieb nicht mehr genügte, kauften Adolf Friedrich Schulthess (1789—1842) und sein unverheirateter Bruder Carl Gustav das herrschaftliche Haus zur «Krone», auf welches sie den Namen «Rechberg» übertrugen, da die beiden Brüder 1824 den österreichischen Adel — von Schulthess Rechberg — erhalten hatten.

Das Haus am Neumarkt musste daher den neuen Namen «Steinberg» annehmen. Im Mittelalter hatte der heutige «Steinberg» keinen eigentlichen Namen: Das Haus wurde meist nach dem Besitzer benannt — erwähnt werden mag die

Bezeichnung «Reischach-Turm» im 16. Jahrhundert. Zuweilen tritt auch die Bezeichnung «am Bach» auf, da der Wolfbach im Zuge des heutigen Rehgässchens am Hause vorbeifloss, oder «hinter dem Brunnen» oder «beim Brunnen» (noch 1637). Unter diesem Brunnen war aber nicht der heutige Jupiter-Brunnen zu verstehen, sondern ein weiter aufwärts liegender Sodbrunnen, dessen Brunnenhäuschen mit dem Drehrad auf dem Murerplan zu erkennen ist. Dieser Brunnen wurde 1726 vom Bauamt wieder instandgestellt, wobei der Besitzer des Hauses «Zum Rechberg» das Recht bestätigt erhielt, Wasser auf seine eigenen Kosten in sein Haus zu leiten. In diesem Ratsbeschluss von 1726 wird der Name «Rechberg» übrigens zum erstenmal schriftlich nachgewiesen. Er leitete sich zweifellos von den benachbarten Häusern zum «Rech» (Reh) ab.

Nach dem Umzug von Herrn von Schulthess Rechberg in sein herrschaftliches Haus am Hirschengraben wurde der «Steinberg» vom Arzt Anton Abegg-Tobler (1792—1861) erworben. Nach seinem Tode erbte ihn sein Sohn, der Zahnarzt Dr. med. Friedrich Abegg, der 1896 kinderlos starb. Schon zu Lebzeiten hatte Abegg seine Praxis aufgegeben und 1889 das väterliche Haus verkauft. Zwischen 1889 und 1899 wechselte das Haus mehrfach den Besitzer. 1899 finden wir als Eigentümer Heinrich Hinnen, von dem es 1907 der Schwiegersohn, Zahnarzt Dr. Emil Rudolf Züricher-Hinnen (1876—1961), übernahm.

Im 19. Jahrhundert erfuhr das Haus einige bauliche Veränderungen, die vor allem die Fassadengestaltung gegen den Neumarkt betrafen und es um ein Geschoss erhöhten. Doch blieb der Kern der Liegenschaft erhalten.

«Zum Tannenberg», Neumarkt 8

1958/59 wurde dieser stadteigene Gebäudekomplex saniert. Anlässlich des Umbaus konnten durch das Amt für Denkmalpflege, eine archäologische Dienststelle gab es damals noch nicht, einige Untersuchungen durchgeführt werden, die in brauchbarer Weise die Besitzergeschichte dieses Hauses ergänzen.

An der Stelle des heutigen «Tannenberg» standen ursprünglich zwei Gebäude, von welchen das vordere am Neumarkt schon vor 1273 von einem Heinrich Kiseling und seiner Frau Mia dem Barfüsserkloster übergeben worden war, wie am 28. Februar 1273 der nachgeborene Sohn Kiselings bestätigte. Das hintere Gebäude erwarben die Barfüsser am 19. Februar 1353 vom Rat, der es als Bestandteil des Nachlasses von Losser besass — einem Angehörigen der Familie Bilgeri, der sich an den Umtrieben gegen die Zunftverfassung und Bürgermeister Brun beteiligt und in der Mordnacht den Tod gefunden hatte.

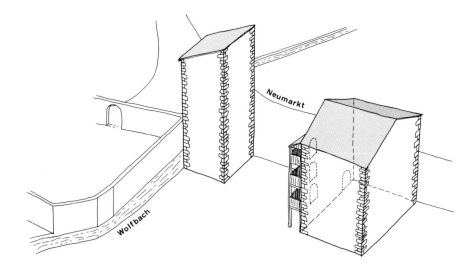

63 Neumarkt 6/8, «Zum Steinberg»/«Zum Tannenberg», Rekonstruktionsversuch der beiden Kernbauten aus der ersten Hälfte des 13. Jahrhunderts. Zeichnung: Marianne Mathys, Daniel Berti, Zürich.

In den Steuerbüchern von 1357 bis 1376 werden daher auch beide Häuser als im Besitz der Barfüsser bezeichnet; sie beherbergten damals vereinzelte Schwestern (möglicherweise Beginen). Auch zu Beginn des 15. Jahrhunderts wohnten im Hinterhaus Schwestern, während das Vorderhaus einem Binder (Küfer) Wilhelm Köchli von Klingnau gehörte, der es am 24. Juli 1402 gemeinsam mit seiner Schwester Guta von den Barfüssern um 48 Pfund zu lebenslänglicher Nutzniessung erworben hatte, wobei diese den Käufer ermächtigten, von der Kaufsumme 20 Pfund für Erneuerungsarbeiten, vor allem für die Instandstellung des Daches und den Bau einer neuen Winde, zu verwenden. Köchli wird noch 1435 in diesem Haus nachgewiesen, 1440 aber gehörte es einem Mathis Trinkler, der nicht nur das vordere und das hintere Haus besass, sondern auch das Nachbargebäude «Zum Steinberg».

Die bisher erwähnten beiden Gebäude wiesen bedeutend kleinere Ausmasse auf als der heutige Baukomplex. Das vordere Gebäude war nur ungefähr halb so breit wie das heutige Haus und reichte in seiner Tiefe bis zum heutigen Treppen-

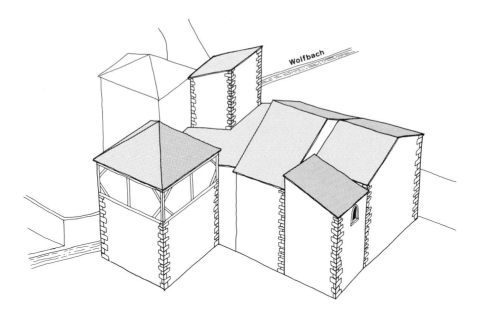

64 Neumarkt 6/8, «Zum Steinberg»/«Zum Tannenberg», Rekonstruktionsversuch der baulichen Verdichtung bis 1295. Zeichnung: Marianne Mathys, Daniel Berti, Zürich.

haus. Der gassenseitige Kernbau stand viergeschossig über einem leicht trapezoiden Grundriss von 8 × 13 × 7,7 × 11,8 Meter. Die Mauerstärke beträgt zwischen 0,8 und 1,1 Meter. Bis zu einer Höhe von gut 11 Meter haben sich noch drei bossierte Eckverbände erhalten. Die Erschliessung dieses repräsentativen Steinhauses erfolgte knapp vor der (jetzt abgegangenen) Südwest-Ecke. Vom ersten bis zum dritten Obergeschoss fand sich hier die vermauerte Öffnung eines Hocheinganges, welche sicherlich über Stiegen und Laubengänge erschlossen worden sind. Über das Aussehen dieser Portale oder möglicher Fensterformen sind wir nicht unterrichtet. Auch über die Dachgestaltung können nur Vermutungen gemacht werden. Einer Datierung dieses Kernbaus in die erste Hälfte des 13. Jahrhunderts — er wurde vor 1273 an die Barfüsser vergabt — steht nichts im Wege, wie wir weiter unten gleich noch sehen werden. Das Hinterhaus lehnt an die Rückwand des eben beschriebenen festen Hauses, bildet eine eigene Südostecke und stösst an den Trottenbau des «Tannenberg», welcher seinerseits an den älteren «Steinberg» anlehnt. Über einem Grundriss von 7,7 × 4,3 × 7,5 × 4,5 Meter erhob sich dieser gartenseitige Steinannex ebenfalls viergeschossig. Im dritten Obergeschoss öffnete sich gegen Osten ursprünglich ein Spitzbogenfenster, wie wir es als Einzelfenster, als Bifore und als Dreierwagen am «Grimmenturm» bzw. im «Langen Keller» kennengelernt haben. Diese Fensterform datiert den Annex in die zweite Hälfte des 13. Jahrhunderts, aber vor 1295. Damals wurde ja die Trotte — an welche der kleine Steinbau anlehnt — erstmals urkundlich erwähnt. Aufgrund dieser monumentenarchäologischen Überlegungen gelangen wir zur erwähnten Datierung des gassenseitigen festen Hauses vor der Mitte des 13. Jahrhunderts.

Nach Mathis Trinklers Tod erfolgte noch vor 1455 die Aufteilung der beiden Gebäude. Das Haus «Zum Steinberg» fiel an den Sohn Konrad Trinkler und seine Erben, während der «Tannenberg» von einem Hans Trinkler bewohnt wurde, der im Gegensatz zu Konrad nur geringe Steuerbetreffnisse ablieferte.

Im frühen 16. Jahrhundert muss der «Tannenberg» vorübergehend mit dem Nachbarhaus Eigentum des Bischofs von Konstanz gewesen sein, denn am 14. April 1524 verkaufte der bereits erwähnte Jörg Berger den «Tannenberg» um 300 Pfund an Konrad Schumacher, Kaplan der Propstei, «wie ich das selbig ouch von obgemeltem minem gnedigen herrn (dem Bischof von Konstanz) mit sampt dem andern erkoufft hab».

In den folgenden Jahrzehnten wechselte das Haus häufig seinen Besitzer. Zunächst werden eine Els Schumacher — wohl eine Verwandte des Kaplans — dann drei Schwestern Landenberg als Eigentümerinnen erwähnt, deren Ehegatten den «Tannenberg» am 3. Februar 1534 an Jakob Funk, Amtmann zu den Augustinern, verkauften. Dieser erwarb im folgenden Jahr den zu diesem Haus gehörenden, von einer Vorbesitzerin an Jörg Berger veräusserten Garten von dessen Witwe zurück. Wir erfahren bei dieser Gelegenheit, dass der Rat den Anstössern am Neumarkt je einen Anteil am Barfüssergarten überlassen hat, der dann später mit den kleinen Gebäuden an der heutigen Obmannamtsgasse überbaut wurde. 1534 bis 1540 hat sich der Wert des Hauses von 500 Pfund auf 630 Gulden mehr als verdoppelt. In diesen Zeitraum fällt die Gestaltung der breiten Gassenfassade mit dem spätgotischen sechsteiligen Reihenfenster mit Stütze und Fenstererker im ersten Obergeschoss und den wuchtigen Kreuzstockfenstern im ersten und dritten Obergeschoss. Hier fällt ganz besonders das vierteilige Kreuzstockfenster auf, eine Form, die wir in Zürich so nirgends mehr finden. Im Obergeschoss sind es dann Zweier- und Viererfenster mit derselben Gewändeprofilierung, einer leichten Kehle, wie in der ganzen Fassade. Die rechte Fassadenhälfte ist nach unserem Dafürhalten eines der schönsten Beispiele spätgotischer Fenstervielfalt in der Stadt. Über der Haustüre findet sich das alte, von Rollwerk eingefasste Hauszeichen «Zum Tannenberg».

65   Neumarkt 6/8, «Steinberg»/«Tannenberg». Photo: Breitinger, Zürich, 1895.

1540 verkaufte Frau Agate Studler — möglicherweise Ehefrau oder Witwe von Funk — den «Tannenberg» an Junker Jörg Escher, der ihn nach wenigen Monaten an Junker Rudolf Stapfer weiterveräusserte. Stapfer starb bald darauf, weshalb der Vormund die Liegenschaft an Junker Hans von Schönau verkaufte. Dieser konnte sich seines Besitzes auch nicht lange erfreuen, denn er starb ebenfalls nach kurzer Zeit, woraufhin seine Kinder den «Tannenberg» 1544 an den Sohn Rudolf Stapfers, Junker Jakob Stapfer, zurückverkauften.

Stapfer hatte 1555 einen Baustreit mit seinem Nachbarn im «Schönenberg», Neumarkt 10, der ohne Stapfers Wissen einen hölzernen Aufbau und einen Abort (Profettli) hatte errichten lassen, wogegen Stapfer vergeblich Einspruch erhob. Auch sein Sohn, Junker Heinrich Stapfer, hatte zwischen 1591 und 1612 wiederholt mit seinem Nachbarn im «Schönenberg» Anstände. 1591 liess dieser ein «Badstübli» und ein «Sechthüsli» erstellen, wobei er den «Träm» (Balken) in die Scheidemauer vom «Tannenberg» legte. Ein Jahr darauf liess Hans Ludwig Schwerzenbach in die gemeinsame Brandmauer für einen Ofenbau ein Gewölbe brechen, und 1612 erstellte er auf der Altane eine steinerne Bank, die wiederum in die Scheidemauer eingebaut wurde. Trotz der Einsprachen Stapfers hiessen in allen diesen Fällen die Ratsverordneten die Bauprojekte der Schwerzenbach unter gewissen Vorbehalten gut.

Noch 1651 finden wir im «Tannenberg» Frau Elisabeth Leu, die Witwe von Junker Wilhelm Stapfer (1597 bis 1648), von dessen Erben in jenen Jahren Frau Anna Holzhalb (†1696), Witwe von Junker Diethelm Blarer von Wartensee und damals Gattin von Professor Johann Rudolf Hofmeister (1617 bis 1684), die Liegenschaft erworben haben muss, denn sie veräusserte am 24. Januar 1662 den «Tannenberg» um 5000 Gulden an Johann Heinrich Rahn, Landvogt auf Kyburg.

In den rund 100 Jahren, in welchen die Junker Stapfer das Haus besessen haben, wurden äusserlich keine grösseren Veränderungen vorgenommen, denn die viergeschossige Fassade, die wir auf dem bekannten Stadtprospekt Murers von 1576 erkennen, erhielt sich im wesentlichen unverändert bis ins 19. Jahrhundert. Dagegen sind vermutlich der vor rund zwanzig Jahren aufgedeckte Fensterpfeiler mit Hermenpilaster, das plastische Hauszeichen, eine romantische Waldlandschaft mit Jäger und Wanderer darstellend, und die nunmehr verschwundene getäferte Stube im Anbau in dieser Zeit entstanden.

Der bereits erwähnte Kaufvertrag von 1662 ist insofern interessant, als er einige innere Einrichtungen aufzählt, die mit dem Haus verkauft wurden. Erwähnt werden u. a. im Keller 17 Fässer (mit 130 Eimern Inhalt), das Kücheninventar, der Sechtkessel im Waschhaus, verschiedene Buffets mit Giessfässern auf der Laube, in der untern und obern Stube. Da Rahn als Landvogt auf der Kyburg das erworbene Haus nicht gleich bezog, konnte die Verkäuferin den «Tannenberg» noch für 1½ Jahre zu einem jährlichen Mietzins von 100 Gulden bewohnen.

66 Neumarkt, Blick von Südwesten auf die hof- und gartenseitigen Fassaden. In der linken Ecke der «Steinberg» mit dem vorderen (Pultdach) und hinteren Steinhaus. Daneben die grosse Dachfläche des «Tannenberg». Auf der ersten Zürichbergterrasse steht das von Gottfried Semper 1858—1864 errichtete Polytechnikum. Photo: Breitinger, Zürich, 1890.

Bürgermeister Fries, der sich auch als baufreudiger Zunftmeister der Schuhmachernzunft erwiesen hat, indem er seinem Wohnhaus gegenüber aus dem alten «Bilgeriturm»-Komplex ein repräsentatives Zunfthaus errichten liess, nahm auch in seinem Haus «Modernisierungen» vor, wie die heute noch erhaltenen, mit Akanthusranken, Blumen, Delphinen und Putten geschmückten Stuckdecken im Erdgeschoss und im Saal im zweiten Stock beweisen. Da die Ehe von Bürgermeister Fries kinderlos blieb, verkauften nach dem Tod von Frau Fries ihre Erben den «Tannenberg» am 1. Juli 1756 an Frau Dorthea Reutlinger (+1766), die in diesem Jahr ihren Gatten, Professor Leonhard Holzhalb, verloren hatte. Nach ihrem Tod wurde der «Tannenberg» von Angehörigen der Junkerfamilie Edlibach und Wyss bewohnt, bis am 9. September 1795 Junker Amtmann Kaspar Wyss im «Weinberg» die Liegenschaft an den Metzger und Kunstmaler Ludwig Hess-Wegmann verkaufte. Im «Tannenberg» wuchs sein einziger Sohn, der spätere Bürgermeister Johann Jakob Hess, heran, der bis zu seinem Lebensende (+1857) im elterlichen Wohnhaus lebte und hier pietätvoll das künstlerische Erbe seines Vaters verwaltete. Es ging nach seinem Tode an die Künstlergesellschaft über, während die Liegenschaft an den Kanton gelangte. Doch wohnte die Witwe Frau Anna Barbara Hess-Hirzel, bis zu ihrem am 25. Juli 1888 erfolgten Tod im «Tannenberg», worauf das Gebäude von einem Ulrich Hagenbuch erworben wurde, der in den folgenden Jahren zum Teil unerfreuliche Umbauten vornahm. Schliesslich richtete Hagenbuch eine Wirtschaft ein, für die er im Hof eine Kegelbahn erstellte.

Der «Umbau» von 1958/59 musste in vielen Dingen die «Verschönerungen und Verbesserungen» Hagenbuchs rückgängig machen. Unter Schonung des kunsthistorisch wertvollen Gutes wurde den heutigen Anforderungen entsprechend Kleinwohnungen und als Anbau ein Kindergartengebäude errichtet. Erfreulich ist, dass der seit Hagenbuchs Zeiten in vier Zimmer unterteilte Saal mit seiner schönen Stuckdecke wieder hergestellt werden konnte. Das Äussere des Hauses wurde in den ursprünglichen Zustand von vor der Mitte des vergangenen Jahrhunderts zurückgeführt.

5. Die frühe Bewohnerschaft — Ansätze zu einer mittelalterlichen Sozialtopographie und Quartiergeschichte

In der zweiten Hälfte des 13. Jahrhunderts beginnen die schriftlichen Quellen für die Häuser in unserem Bereich zu fliessen. Vor 1273 gehörte das stattliche vordere Steinhaus des «Tannenberg» (Neumarkt 8) den Barfüssern, welche es von einem uns nicht weiter bekannten Heinrich Kiseling und dessen Frau Mia geschenkweise erhalten hatten. Schräg gegenüber gehörte die spätere «Deutsche Schule» damals dem Kloster St. Blasien im Schwarzwald. Es kommt nicht von ungefähr, dass wir hier zuerst von geistlichem Besitz erfahren, waren die Klöster doch allenthalben Zentren früher Schriftlichkeit und überdies schon immer sehr darauf bedacht, ihren Besitz oder ihre Rechte zu verbriefen.

Durch Tausch gelangte 1274 der sanktblasianische Baukomplex an die Familie Brun und verblieb dieser bis zum Verkauf von 1363. Mit Rudolf Brun, dem ersten Bürgermeister Zürichs, — nach dessen sozialer Umwälzung von 1336 — stellte die ritterliche Familie von 1319 bis 1360 den bekanntesten Besitzer dieses Hauses.

Im späten 13. und frühen 14. Jahrhundert waren es aber die potenten Bilgeri, damals die bedeutendste bürgerliche Patrizierfamilie, die unserem Quartier am Rinder- und Neumarkt baulich und wohl auch gesellschaftlich das Gepräge gaben. Entweder erwarben oder erbauten sie den im ersten Viertel des 13. Jahrhunderts entstandenen «Bilgeriturm» (Neumarkt 5), welchen sie im späten 13. Jahrhundert auf- und ausbauten. Damals errichteten sie auch den «Grimmenturm» mit dem «Langen Keller» und erwarben 1276 auf öffentlicher Gant den gassenseitigen Kernbau der «Steinburg» (Neumarkt 6), welchen sie unmittelbar darauf mächtig erweiterten.

Wir wissen nicht, wie die Bilgeri zu ihrem Reichtum kamen. Wahrscheinlich betrieben sie Handel, Handel mit Gütern, welche in den drei unteren Geschossen des «Grimmenturm» und im «Langen Keller» zwischengelagert und möglicherweise eben auch hier weiterverarbeitet wurden.

Wie auch immer das Wandgemälde im zweiten Obergeschoss des «Langen Keller» im ersten Viertel des 14. Jahrhunderts näher eingeordnet werden kann — sicher ist, dass es von der Familie Bilgeri in Auftrag gegeben worden ist. Seine Aussage ist klar: Es legt Zeugnis ab von deren Beziehungen zu höheren Geschlechtern, zur hierarchischen Ordnung der mittelalterlichen Gesellschaft, als deren Teil die Bilgeri sich verstanden.

67 Grundrissentwicklung des «höfischen Kerns»: dunkler Raster = Kernbauten der ersten Hälfte des 13. Jahrhunderts; hellerer Raster = Baukörper der zweiten Hälfte des 13. Jahrhunderts; heller Raster = Anbauten 14./15. Jahrhundert. Vergl. hiezu die Falttafel 1—3.

Tabelle	I	II	III	IV	V	
	Neumarkt 4, «Unteres Rech»	/ Spiegelgasse 26, «Oberes Rech»	Neumarkt 5, «Bilgeriturm»	Neumarkt 3, «Deutsche Schule»	Spiegelgasse 29, Rindermarkt 26, Neumarkt 2, «Grimmenturm», «Langer Keller»	Neumarkt 6/8 «Steinberg»	/ «Tannenberg»
13. Jh.	?	Bilgeri (?)	Kloster St. Blasien, vor 1274 Brun, seit 1274	Bilgeri (?)	Bilgeri, 1276	/ Barfüsser vor 1273 Bilgeri (Hinterhaus)
14. Jh.	Hünenberg, seit 1357 bis gegen 1400	Barfüsser, seit 1397	Bilgeri, bis etwa 1380, hernach Bilgeriverwandte	Brun, bis 1363; Überlingen bis gegen 1400; verschiedene Besitzer	Bilgeri, bis vor 1343, hernach Beginen (Frauengemeinschaft)	Bilgeri, 1308, hernach Landenberg und verschiedene Besitzer	/ Barfüsser, Bilgeri (Hinterhaus) bis 1353, hernach Barfüsser
15. Jh.	Verschiedene Besitzer, hernach Barfüsser Röist, seit 1461	Barfüsser bis 1461	Escher vom Luchs, seit 1450 mit Unterbrüchen	Stift Embrach, nach 1461	Beginen, bis 1524, hernach Pfarrhaus der Kirchgemeinde Prediger	Grossmünster von 1416 bis 1432, verschiedene Besitzer, u.a. Göldli	/ Barfüsser und verschiedene Besitzer
16. Jh.	Röist, bis 1573 Escher vom Luchs, seit 1574		Escher vom Luchs, mit Unterbrüchen bis 1637	Stift Embrach, bis 1524 «Deutsche Schule», seit 1556/1557	Kirchgemeinde Prediger	Bischof von Konstanz, Berger, seit vor 1529, hernach verschiedene Besitzer	

159

Es muss den Brun langsam ungeheuer geworden sein, wie die Bilgeri sie mit ihren Bauten ganz schön «umstanden». Entsprechend war denn auch die Reaktion von Rudolf Brun. Die Bilgeri mussten ihr Machtstreben bei der Brunschen Umwälzung bitter bezahlen. Alle Familienangehörigen wurden aus dem Rat gestossen und zum Teil verbannt. Einzelne Glieder nahmen am erfolglosen Versuch teil, das Regime von Brun 1350 in der Mordnacht zu stürzen. Rudolf Bilgeri, genannt Losser, fiel im Kampf, zwei weitere wurden hingerichtet. Damit war die Stellung dieser Familie endgültig gebrochen.

Ein Teil des Besitzes wurde von der Stadt auf Bruns Geheiss (!) konfisziert und nach und nach weiterverkauft. Der «Bilgeriturm» verblieb trotz dieser Stürme der Familie, da er vom jungen Heinrich Bilgeri, dem Sohn eines schon 1343 verstorbenen Bruders Werner Bilgeris, bewohnt wurde. Das kleine «Kelr»-Gebäude, der geringste Teil aus der Teilungsurkunde von 1324, wurde der «Alt Bilgerin» (so 1357 und 1358 in den ältesten Steuerrödeln) zugewiesen. Vermutlich war sie die Witwe eines jener Bilgeri, die im Strafgericht der Mordnacht von 1350 ums Leben gekommen sind.

De facto war die Stadt nach der Mordnacht auch Besitzer des «Grimmenturm». Jedenfalls nahm sie 1366 die Beginengemeinschaft, die rechtmässige Besitzerin, ausdrücklich in ihren Schutz. 1417 dann — noch vor der Reformation (!) — nannte sich die Stadt ganz selbstverständlich als die Besitzerin am «Grimmen Turm». De iure gelangte er vor 1345 geschenkweise an diese fromme Frauengemeinschaft, welche indirekt mit dem Benediktinerinnenkloster am Oetenbach und damit letztlich auch mit den Predigern verhängt war. Auf der anderen Gassenseite, so hören wir, konnten die Barfüsser ihren Besitz vom «Oberen Rech» bis zum «Tannenberg» im späten 13. bis späten 14. Jahrhundert ausbauen.

Wie eine Insel steht das «Rech» inmitten dieser Auseinandersetzungen. Der erste namentlich bekannte Besitzer war Ritter Gottfried IV. vom Hünenberg (Linie St. Andreas) und dann sein Schwiegersohn Ritter Peter, der Storch (Linie Arth). Sie beide sassen als Constaffler zwischen 1355 bis 1388 mehrmals im Rat. Diese beiden Hünenberger verstanden die Zeichen der Zeit zu deuten und stellten ihre Dienste der mächtig aufkommenden Stadt zur Verfügung. Ritter Peter diente Zürich auch als Hofrichter. Bis ins späte 14. Jahrhundert gehörte das «Untere Rech» den Hünenbergern. Nach verschiedenen Handänderungen gelangte es 1457 auf öffentlicher Gant an die Barfüsser. Diese besassen nun das ganze «Rech»; das obere Haus seit 1397, und das untere kam 50 Jahre später hinzu.

Wenige Jahre danach gelangte die Liegenschaft durch Kauf an die Familie Röist. Heinrich Röist (†1509), sein Sohn Marx (1454 bis 1524) und dessen Sohn Diethelm (1482 bis 1544) waren die bedeutendsten Bewohner des Hauses. Ihre Familie zählte zu den einflussreichsten der Zeit. Alle drei genannten Vertreter belegten ausser anderen wichtigen Ämtern für längere Zeit den Bürgermeistersitz. 1573/74 erwarb die mit den Röist verwandte Familie Escher vom Luchs den Hauskomplex.

Dieselbe Familie besass um 1450 bis 1491 und durch Heirat erneut seit 1526 den gegenüberliegenden «Bilgeriturm»-Komplex. Die Escher vom Luchs verfügten mithin im letzten Viertel des 16. Jahrhunderts über den repräsentativsten Besitz in diesem Quartier.

In der ersten Hälfte des 14. Jahrhunderts wechselte der «Steinberg» von den Bilgeri an die Zürcher Oberländer Adelsfamilie derer von Landenberg. Aber bereits mit dem ältesten Steuerrodel von 1357 haben wir Kunde von verschiedenen kleinen Leute, die das Haus meist als Krämer besassen. Zwischen 1416 und 1432 war es für kurze Zeit Besitz der Grossmünster-Propstei.

Im Nachbarhaus «Zum Tannenberg» erwarben die Barfüsser zu ihrem vorderen stattlichen Steinbau am 19. Februar 1353 vom Rat das hintere Gebäude hinzu. Dieses war Teil der konfiszierten Bilgerigüter und gehörte Losser Bilgeri, welcher in der Mordnacht den Tod gefunden hatte. Zwischen 1357 und 1376 wohnten denn auch Schwestern — möglicherweise Beginen — darin. Im frühen 16. Jahrhundert waren dann der «Stein- und Tannenberg» vorübergehend Eigentum des Bischofs von Konstanz, gingen aber hernach wieder in getrennten Besitz über.

Im Spätmittelalter ist in unserem Bereich eine erstaunliche Kontinuität festzustellen, ganz im Gegensatz zu der bereits am Rindermarkt und an der Froschaugasse dichten Zahl von Handänderungen und einer grossen Mobilität der Bewohnerschaft. Letztere ist für das Spätmittelalter in der Grossen (rechtsufrigen) und in der Kleinen Stadt geradezu typisch.

Fassen wir zusammen:

Seit der zweiten Hälfte des 13. Jahrhunderts bis ins mittlere 14. Jahrhundert wurde hier durch die Familien Brun und Bilgeri und die uns unbekannten Besitzer des «Rech» ein, wenn nicht gar das politische und städtebauliche Zentrum des spätmittelalterlichen Zürich errichtet und repräsentativ gestaltet. Das vom Programm her ehrgeizige Wandgemälde im «Langen Keller» und die Nachbarschaft des Minnesängers Johannes Hadlaub sind kulturelle «Glanzlichter» in diesem späthöfischen Kern. Die Gegenwart der Bettelordenshäuser, aber auch diejenige der jüdischen Bevölkerung um die Synagoge, bereicherte die wechselseitigen Beziehungen. Erstaunen mag die etwas abseitige Lage vom Lebensnerv der Stadt, der Limmat. Die «guten» oder bevorzugten Standorte beim Brückenkopf, am Gross- und Fraumünster, waren eben schon vergeben.

Ein Jahrhundert später rückte unser Quartier mit den Familien Röist und Escher vom Luchs gesellschaftlich und baugeschichtlich erneut in den Brennpunkt der Stadt. Mit den Um- und Ausbauten des «Rech» durch dieselben war dieses Haus nach der Reformation zweifelsohne auch von der Architektur her eines der ersten Zürichs.

Eine Konstante stellt auch der Besitzstand der beiden nahen Bettelordenskonvente, der Prediger und der Barfüsser, dar. Sowohl die Dominikaner, diese allerdings nur indirekt, wie auch die Franziskaner gelangten geschenkweise oder durch Kauf hier zu Besitz. Das Kloster St. Blasien, die Grossmünster-Propstei und der Bischof von Konstanz reihten sich, wenn auch nur für kurze Zeit, in die Besitzerliste ein.

Die vorliegende Schrift soll mit dem Zusammentragen von archäologischen, baugeschichtlichen und archivalischen Befunden einen Ansatz bilden zu einer Haus-, Gassen- und Quartiergeschichte. Im Vergleich mit anderen Städten im südwestdeutsch-schweizerischen Raum wurde für uns offenkundig, dass hier — in Zürich — alle diese Quellengattungen überaus reich vorhanden sind. Eine faszinierende Aufgabe auf dem Gebiet der übergreifenden Stadtkernforschung liegt vor uns — packen wir sie an!

6. Glossar

Ährenmauerwerk	schräggestellte Steinlagen, die durch den Lagenwechsel ein Ähren- oder Fischgratmuster bilden
Alkoven	durch eine grosse Wandöffnung mit dem Wohnraum verbundener, kleiner, fensterloser Nebenraum
Annex	hölzerner oder steinerner Anbau an einen Kernbau (siehe dort)
Anthropologie	Wissenschaft vom Menschen
Archivolte	Bogenlauf im Gewände romanischer und gotischer Portale
Arkade	Bogenstellung, ein auf Stützglieder (Pfeiler, Säule) ruhender Bogen
Bauschilling	stadtzürcherische Subvention von 10 Prozent der Baukosten
Beginen	klösterlich lebende, aber nicht durch Gelübde gebundene Frauengemeinschaft
Bifore	zweiteiliges oder gekuppeltes Fenster der romanischen und gotischen Fassade
Boden, gewachsener	natürliche Ablagerung ohne menschliches Dazutun
Bohlen	brettartige, dicke Hölzer
Bollensteine	runde, gerollte und bis kopfgrosse Steine aus dem Bachbett
Bossen- oder Buckelquader	Steinquader mit Bosse oder Buckel und Randschlag
Dansker	durch Bögen oder Stützen getragener Abortgang über einem fliessenden Gewässer

Ehgraben	von verschiedenen Liegenschaften gemeinsam genutzter Entsorgungsgraben
Erdgraben	einfache Erdgrube ohne Holz- oder Steinwerk
Fiale	schlanke, spitze Bekrönung von gotischen Architekturteilen (Strebepfeiler, Wimperg usf.)
Fläche	flächige, archäologisch freigelegte Kulturschicht
Foramen ovale	eine knöcherne Öffnung an der Schädelbasis für den Durchtritt eines Hirnnervs
Fugenstrich	sowohl bei römischen wie bei mittelalterlichen Mauern vorkommende, Steinquader oder -lagen vortäuschende Verzierung, welche mit der Kelle im frischen Verputz angebracht wird
gewachsener Boden	siehe Boden, gewachsener
Haustein	allseitig behauener Naturstein, Quaderstein
Hofgräberfeld	frühmittelalterliche Familiengrabbezirke, welche noch keinem Friedhof bei einer Kirche angehört
Jahrringchronologie/ Dendrochronologie	Methode zur Datierung von Hölzern aufgrund von Jahrringstruktur
Kämpfer	Zone, an der die Krümmung eines Bogens oder eines Gewölbes beginnt
Kartusche	plastisch gebildeter oder illusionistisch gemalter Zierrahmen für Wappen, Inschriften und dergleichen
Kernbau / Urbau	ältester steinerner Bauteil eines Hauskomplexes
Läufer-/ Binderverband	mit Quadersteinen, dessen Langseite in der Mauerflucht liegt, resp. quer dazu einbindet
Leibgeding	Altenteil, Nutzung eines Gutes oder Zinses als «Altersrente»

Lesesteine/ Feldsteine	aus dem Acker und der Moräne zusammengelesene, abgeschliffene, verschieden formatige Steine
Licht	schmale, schartenartige Licht- und Luftöffnung
Mauergrab	trocken oder gemörtelt aufgemauerte «Steinkiste» mit Steinplattenabdeckung; meist in romanischen Gräberfeldern des 5. bis 7. Jahrhunderts n. Chr.
Mauerwerk/ Mauerverband	ein- und zweihäuptig aus einer inneren und (oder) äusseren Steinschale mit kleinteiligem Kern lagenhaft aufgeführte Mauer
Monumentenarchäologie	Synthese der Befunde von Boden- und Bauforschung mit schriftlichen Quellen
Ökonomiebauten	wirtschaftlich und gewerblich genutzte Bauten
opus sectile	eine (illusionistische) Wandbekleidung aus rechteckigen (gemalten) Marmorplatten
opus spicatum	vgl. Ährenmauerwerk
Palas	Wohn- bzw. Saalbau einer Burg, aber auch Annex an ein städtisches Turmhaus
Pathologie	Lehre von den Krankheiten
piano nobile	Bel-Etage, Hauptgeschoss eines mehrstöckigen Steingebäudes
Pilaster	rechteckiger Wandpfeiler
Plattengrab	aus bruchrohen oder bearbeiteten Steinplatten zusammengefügtes Grab mit ebensolcher Abdeckung; vornehmlich in spätantiken und frühmittelalterlichen Gräberfeldern
Portikus	eine Säulenhalle mit geschlossener Rückwand

Profil	senkrechter Schnitt vom aktuellen Niveau bis zum gewachsenen Boden
Pultdach	halbes Satteldach, das manchmal an eine höhere Mauer anschliesst
Radiokarbon-/ C14-Methode	Verfahren zur Altersbestimmung organischer Stoffe durch Feststellung des Gehaltes an radioaktivem Kohlenstoff (C14), dessen Halbwertszeit 5500 Jahre beträgt
Rodel	amtliches Verzeichnis von Steuern und Abgaben
Rustika	Mauerwerk aus Bruch- oder Buckelsteinen
Satteldach	Giebeldach, aus zwei gegen einen gemeinsamen First ansteigenden Dachhälften bestehend
situ, in	im ungestörten archäologischen Fundzusammenhang sich befindend
Spondylose	Gelenksabnützungserscheinungen an den Wirbeln
Ständer	Holzpfosten, in weiten Abständen in die Erde eingetiefte auf Feldsteinen oder auf einem Schwellenkranz aufgesetzt; obere Enden der Ständer immer in ein festes Rahmenwerk eingezapft
Stud	senkrechter Pfeiler aus Holz
Synostose	knöcherne Verschmelzung oder Verwachsung einer Naht
Terra-Sigillata	römisches Luxusgeschirr aus feinem, rotgebranntem Ton mit glasurähnlichem Glanztonüberzug
Topographie	Ortskunde, Lagebeschreibung
Trockenmauergrab	vgl. Mauergrab
Zungenmauer	stumpf endender Mauerzug

7. Quellen- und Literaturangaben

(nach Kapiteln gegliedert)

1. Jürg Hanser, Armin Mathis, Ulrich Ruoff, Jürg E. Schneider, Das neue Bild des Alten Zürich, Zürich 1983.

2. Jürg E. Schneider, Zürichs Weg zur Stadt. Archäologische Befunde zur frühen Stadtgeschichte (7. bis 13. Jahrhundert), in: Nobile Turegum multarum copia rerum. Drei Aufsätze zum mittelalterlichen Zürich, Zürich 1982, S. 1 — 37.

2.1 Ernst Meyer, Zürich in römischer Zeit, in: Zürich von der Urzeit zum Mittelalter, Zürich 1971, S. 105 — 162. Jürg E. Schneider, TURICUM, Zürich in römischer Zeit, in: TURICUM - VITUDURUM - IULIOMAGUS — Drei römische Siedlungen in der Ostschweiz, Zürich 1985, S. 39—167.

2.2 Jürg E. Schneider, Hansueli F. Etter, Das frühmittelalterliche Gräberfeld am St.-Peter-Hügel in Zürich. Ein archäologisch-anthropologischer Untersuchungsbericht, in: Zeitschrift für Schweizerische Archäologie und Kunstgeschichte (ZAK), Band 36, Zürich 1979, S. 1—27.

Jürg E. Schneider, Frühmittelalterliche Gürtelschnallen aus Zürich, Bern und Lausanne. Nachweis einer gemeinsamen Werkstätte, in: Helvetia archaeologica, Heft 38, Basel 1979, S. 78—88.

Ulrich Ruoff, Jürg E. Schneider et alii, St. Peter in Zürich. Archäologische Untersuchung und Restaurierung, in: ZAK, Band 33, Zürich 1976, S. 1—59.

Hansueli F. Etter, Jürg E. Schneider, Ein frühmittelalterliches Gräberfeld an der Spiegelgasse in Zürich. Ein anthropologisch-archäologischer Untersuchungsbericht, in: Jahrbuch der Schweizerischen Gesellschaft für Ur- und Frühgeschichte, Band 63, Frauenfeld 1980, S. 203—212.

Hansueli F. Etter, Jürg E. Schneider, Zur Stellung von Frau und Kind im Frühmittelalter. Eine archäologisch-anthropologische Synthese, in: ZAK, Band 39, Zürich 1982, S. 48—57.

3. Daniel Gutscher, Das Grossmünster in Zürich. Eine baugeschichtliche Monographie, Bern 1983, besonders S. 36 ff.

Urkundenbuch der Stadt und Landschaft Zürich, 12 Bände, Zürich 1888 bis 1939 (ZUB).

Zu den historischen Aspekten vgl. auch Hans Conrad Peyer, Zürich im Früh- und Hochmittelalter, in: Zürich von der Urzeit zum Mittelalter, Zürich 1971, S. 163—227; zu den archäologisch-baugeschichtlichen Aspekten vgl. Kapitel 2, Jürg E. Schneider, Zürichs Weg zur Stadt.

Emil Vogt, Der Lindenhof in Zürich. Zwölf Jahrhunderte Stadtgeschichte auf Grund der Ausgrabungen 1937/38, Zürich 1948.

Emil Vogt, Zur Baugeschichte des Fraumünsters in Zürich, in: ZAK, Band 19, Zürich 1959, S. 133—163.

Jürg E. Schneider, Daniel Gutscher, Hansueli F. Etter, Jürg Hanser, Der Münsterhof in Zürich. Ein Bericht über die vom städtischen Büro für Archäologie durchgeführten Stadtkernforschungen. Schweizer Beiträge zur Kulturgeschichte und Archäologie des Mittelalters, Bände 9 und 10, Olten 1982.

Daniel Gutscher, Mechanische Mörtelmischer. Ein Beitrag zur karolingischen und ottonischen Bautechnologie, in: ZAK, Band 38, Zürich 1981, S. 178—188.

Daniel Gutscher, Karolingische Holzbauten im Norden der Fraumünsterabtei. Bericht über die Rettungsgrabungen 1981—1983 auf dem Zürcher Münsterhof, in: ZAK, Band 41, Zürich 1984, S. 207—224.

4. Jürg E. Schneider, Der städtische Hausbau im südwestdeutsch-schweizerischen Raum, in: Zeitschrift für Archäologie des Mittelalters, Beiheft 4: Zur Lebensweise in der Stadt um 1200. Ergebnisse der Mittelalter-Archäologie, Köln 1986, S. 17—38.

4.1 ZUB, vgl. Kapitel 3.

Barbara Handke, Jürg Hanser, Ulrich Ruoff, Das Haus zum Rech. Der Bau und seine Bewohner während 800 Jahren, Zürich 1979.

Jürg E. Schneider, Jürg Hanser, Wandmalerei im Alten Zürich, Zürich 1986.

Paul Guyer, Auszug zur Besitzer- und Baugeschichte, Ms. im Baugeschichtlichen Archiv der Stadt Zürich (ABB).

4.2 Paul Guyer, ABB, vgl. Kapitel 4.1.

Zu frühen Turmbauten in Zürich vgl. Jürg E. Schneider, Jürg Hanser, Der «Glentnerturm» in Zürich. Ein Beitrag zur Monumentenarchäologie in der Zürcher Altstadt, in: Nachrichten des Schweizerischen Burgenvereins, Band 15, Olten 1988, S. 49—63.

Zu mittelalterlichen Fensterformen vgl. Jürg E. Schneider, Thomas M. Kohler, Mittelalterliche Fensterformen an Zürcher Bürgerhäusern. Ein Beitrag zur Monumentenarchäologie in der Zürcher Altstadt, in: ZAK, Band 40, Zürich 1983, S. 157—180.

4.3 ZUB, vgl. Kapitel 3.

Heinrich Steinmann, ABB, vgl. Kapitel 4.1.

Zur Wandmalerei, vgl. Jürg E. Schneider, Wandmalerei, vgl. Kapitel 4.1 und

Charlotte Gutscher-Schmid, Bemalte spätmittelalterliche Repräsentationsräume in Zürich. Untersuchungen zur Wandmalerei und baugeschichtliche Beobachtungen anhand von Neufunden 1972—1980, in: Nobile Turegum (vgl. Kapitel 2), S. 75—127, besonders S. 89.

4.4 ZUB, vgl. Kapitel 3.

Paul Guyer, ABB, vgl. Kapitel 4.1.

Zürcher Denkmalpflege, 4. Bericht 1964—1965, Richard A. Wagner und Ulrich Ruoff, Spiegelgasse 29, «Grimmenturm», hg. von der Direktion der öffentlichen Bauten des Kantons Zürich, Stadtrat Winterthur, Bauamt II der Stadt Zürich, Zürich 1969, S. 137—141.

Zu den Wandgemälden vgl. Lucas Wüthrich, Wandgemälde. Von Müstair bis Hodler. Katalog der Sammlung des Schweizerischen Landesmuseums Zürich, Bern 1980, S. 51—73.

Melanie von Claprède-Crola, Profane Wandmalerei des 14. Jahrhunderts zwischen Zürich und Bodensee, Diss. phil., München 1969, S. 36—47, 66—69, 93—99.

Lieselotte E. Saurma-Jeltsch, Das stilistische Umfeld der Miniaturen, in: Codex Manesse. Die Grosse Heidelberger Liederhandschrift, Heidelberg 1988, S. 302—349, besonders S. 326—328.

4.5 ZUB, vgl. Kapitel 3.

Paul Guyer, ABB, vgl. Kapitel 4.1.

Zu den Innenausstattungen vgl. Konrad Escher, Hans Hoffmann, Paul Kläui, Die Kunstdenkmäler des Kantons Zürich, Band V: Die Stadt Zürich, 2. Teil, Basel 1949; «Steinberg», S. 74—75 und «Tannenberg», S. 76—78.

5. Vgl. die Quellen- und Literaturangaben in den Kapiteln 4.1 bis 4.5.

Abbildungsnachweis

— Alle Pläne und Negative befinden sich im Baugeschichtlichen Archiv/Büro für Archäologie der Stadt Zürich.

— Der Standort der Originale, die Photographen der frühen Bilder, sowie die Zeichner stehen jeweils bei den einzelnen Abbildungen.